LES GARRIGUES

CARNET DE

GARDOISES

RANDONNÉE

D1730300

Midi Libre

ROMAIN PAGES
ÉDITIONS

Cet ouvrage est réalisé en partenariat avec :

Le Comité départemental du tourisme du Gard.

Parce que le département du Gard et le Comité départemental du tourisme du Gard s'investissent depuis des années dans le développement de l'activité randonnée dans le Gard, soutiennent et favorisent les initiatives locales allant dans ce sens, ils ont décidé de se lancer dans une politique partenariale avec les éditions Romain Pages pour la réalisation de cet ouvrage sur les garrigues gardoises. Avec 3 500 km d'itinéraires inscrits au Plan départemental des itinéraires de promenade et randonnée (P.D.I.P.R.), le Gard est un département tourné vers les activités de pleine nature. Par ce partenariat le Gard se dote d'un nouvel outil de découverte des itinéraires de randonnée, complémentaire du topo-guide déjà existant, qui saura séduire les amoureux d'espaces verts.

Le Conseil général du Gard.

Pont du Gard, arènes de Nîmes, voie Dominitienne, maison Carrée, remparts d'Aigues-Mortes, chartreuses de Valbonne et de Villeneuve-lès-Avignon… Le Gard est un département musée où l'une des plus prestigieuses collections architecturales fait chaque jour la fierté de ses habitants et le bonheur de ses hôtes. Un musée dans un écrin naturel digne des plus beaux tableaux impressionnistes : du vert des Cévennes au bleu de la Camargue, en passant par le jaune ocre des terres romaines. Un paysage multiple et coloré.

Ce livre, qui en appelle d'autres, est une invitation à découvrir un de ces paysages : la garrigue, cette vaste table calcaire de 200 à 300 mètres d'altitude plantée au cœur du département. Laissez-vous guider sur ses sentiers qui sentent bon le thym et le romarin. Perdez-vous dans cet univers sauvage aux capitelles mystérieuses.

Le Comité départemental de la randonnée pédestre du Gard.

Représentant départemental de la Fédération française de randonnée, le Comité départemental de la randonnée pédestre du Gard (C.D.R.P. 30) fédère 56 clubs, soit près de 3 000 licenciés. Il organise des formations d'animateur fédéral et de baliseur. Le C.D.R.P. 30 met en place ou aide à la mise en place de manifestations ouvertes à tous, par exemple la Journée départementale de la randonnée pédestre.

LES GARRIGUES

Carnet de

GARDOISES

RANDONNÉE

TEXTES DE Corinne Pradier

PHOTOGRAPHIES DE Valentin Duval,
Pierre Dubois de Montreynaud.

Midi Libre

ROMAIN PAGES
ÉDITIONS

SOMMAIRE

INTRODUCTION

*T*out comme les déserts, la garrigue ne se livre pas facilement ! Toutefois l'attachement qu'elle suscite est bien souvent proportionnel à l'effort fourni pour la comprendre. Car, comment aimer sans comprendre, sans rechercher dans le passé les origines de ce paysage de tout temps façonné par l'homme, sans chercher à l'« habiter », le protéger enfin, contre lui-même et contre nous.

Ce « pays orageux tout dévoré de vents », ainsi que le décrivait Joseph Delteil, connut voici 200 000 millions d'années une période géologique importante appelée invasion marine de l'ère secondaire. En 90 millions d'années, les eaux salées de la mer de

Thétis vont déposer des couches successives de calcaire de grande épaisseur qui formeront l'ossature des causses et des plateaux de nos garrigues actuelles.

Si aucun agent de dégradation naturel ou humain n'était intervenu, ces terres seraient probablement toujours recouvertes par une forêt. Cependant, ce qui allait devenir le berceau historique des civilisations méditerranéennes allait être aussi le théâtre d'une lutte sans merci. Du néolithique – transition durant laquelle les sociétés humaines languedociennes, qui nous occupent ici, sont passées d'un stade de chasseur-cueilleur à un stade de cultivateur-éleveur, façonnant la nature en fonction de leurs besoins – jusqu'à nos jours, la forêt méditerranéenne a subi les « outrages » de plusieurs millénaires d'exploitation donnant naissance à un paysage de toute évidence éminemment culturel : la garrigue !

Cette formation végétale plus ou moins ouverte rencontrée sur sols calcaires, est composée en grande partie d'arbustes, d'arbrisseaux et de sous-arbrisseaux, résultant de la dégradation de la forêt méditerranéenne. Les garrigues gardoises, couvrant plateaux et collines, constituent la principale entité naturelle du département. Bien qu'ayant toujours été mouvementé, le fragile équilibre entre les trois composantes qui forment ce paysage – la *silva*, forêt d'origine, le *saltus*, pâture sèche et caillouteuse et l'*ager*, la terre à blé – est aujourd'hui plus que jamais menacé par le changement de nos modes de vie.

L'expansion urbaine, la fermeture des milieux naturels, les incendies de forêts, la fragilité des ressources en eau, autant de dangers pour la survie d'une richesse naturelle à l'image de cette mosaïque de milieux différents – lande parfumée, brousse à chêne kermès, garrigues hautes à chênes pubescents, gorges profondes bordées de ripisylves… L'ensemble abritant 700 variétés de fleurs, 50 espèces de mammifères, 115 d'oiseaux nicheurs, 21 de reptiles et de batraciens, 53 de libellules…

Face à l'idolâtrie économique partout des voix s'élèvent réclamant un peu de nature ! Il n'est pas interdit de croire que des projets cohérents puissent être pérennisés qui mêleraient la conservation et la valorisation du patrimoine naturel, culturel et paysager, avec le développement de filières économiques modernes basées sur la qualité de production ainsi que la recherche d'un équilibre entre habitat, agriculture et nature. C'est ce que cet ouvrage s'emploie à montrer par l'exemple en proposant au lecteur de mieux connaître, d'arpenter et donc d'« habiter » ces terres de garrigues.

Avertissement :
- Les garrigues sont un pays chaud. Évitez de partir en balade les jours de grosse chaleur, et dans tous les cas prévoyez de l'eau en quantité suffisante.
- Les chemins proposés ici sont balisés. Il vous suffira de bien porter attention au marquage. Nous donnons simplement quelques indications complémentaires.
- Les niveaux de difficulté indicatifs sont les suivants :
  Facile : pour tout marcheur.
  Moyen : présente des passages assez difficiles, bonnes chaussures indispensables.
  Difficile : nécessite une bonne condition physique ou présente des difficultés particulières.

AVANT-PROPOS

Les gorges du Gardon.

*A*pprendre par la plante des pieds ! Voilà ce que propose ce recueil de balades au cœur des garrigues gardoises. Chaque site visité donne lieu à un développement sur un thème particulier ou plus général à la région, que vous trouverez toujours illustré sur le terrain. Nous avons choisi de mettre l'accent sur la richesse floristique, ses caractéristiques et son utilisation.

La nature est vivante et par conséquent soumise aux changements et altérations de tout ordre. Rappelons qu'une simple visite sur un lieu de nidification peut à elle seule remettre en question la survie d'une espèce, un pied posé trop souvent hors des sentiers, une main trop avide, et c'est l'équilibre tout entier d'une pelouse à orchidées qui voit son avenir menacé.

La loi du nombre est une agression que nous subissons et à laquelle nous tentons d'échapper en allant au grand air, tâchons de ne pas l'imposer à ceux que nous visitons. Politesse et discrétion se verront toujours récompensées.

ENTRE CAUSSES ET GARRIGUE

LA GARRIGUE SUR UN PLATEAU ! • Les Causses sont de vastes plateaux rocailleux composés de calcaire, de marne et de dolomie, entaillés de vallées et de gorges profondes, où l'histoire des temps géologiques et celle des hommes se confondent en façonnant le pays caussenard. Or depuis quelques années, tout comme

Sur le Causse de Campestre-et-Luc.

la garrigue, ces vastes plateaux voient leur équilibre menacé par les bouleversements économiques. L'abandon de l'activité pastorale, seule garante de l'entretien des milieux ouverts et des « pelouses sèches », menace la survie d'un grand nombre d'espèces animales et végétales caractéristiques des Causses. S'il est vrai que l'on n'arrête pas le progrès, il est toutefois alarmant de constater que ce dernier va de pair avec un appauvrissement des richesses naturelles. L'abandon des parcours traditionnels de transhumance au profit d'exploitations plus grandes est une vision du monde à court terme régie par des réalités économiques implacables. Il est cependant fort à parier que la sauvegarde des milieux naturels ne soit pas le seul fait des éleveurs mais celui de chaque citoyen, seul responsable de son héritage.

En amont de Vissec, la balade remonte longuement le lit asséché de la Virenque, grimpe raide sur le Causse de Campestre-et-Luc et redescend par un beau sentier dans la vallée de la Vis, également à sec.

Distance et temps
- 10 km
- 4 h

Dénivelé
- 300 m

Départ
- À Vissec, 23 km au sud-ouest du Vigan par les D999, D48 et D113. Parking dans le village.

Attention !
- Après de fortes pluies.

Niveau de difficulté
- Moyenne

Balisage
- Jaune

Parcours
- En bas du village, juste avant le pont, prendre à droite à la croix (**A**). Panneau « Régagnas 2 h 30 ».
- Aux dernières maisons suivre à gauche un sentier en pente douce (**B**) qui rejoint la Vis, prendre à droite pour remonter le lit.

- À la confluence de la Vis et de la Virenque, prendre à gauche pour remonter le lit de la Virenque, direction sud.
- Traverser la route (D814) et poursuivre le long du lit de la rivière. Laisser sur la gauche de grandes maisons et continuer à droite le fil de la rivière, en remontant au nord-ouest.
- Au bout d'environ 1,8 km quitter le lit de la Virenque en tournant à droite (panneau « Régagnas »), on passe près d'un éperon rocheux (**C**), montée raide ombragée.
- Arrivé en haut, poursuivre en face sur le chemin carrossable, qui oblique au sud-est. On rejoint une autre piste, tourner à gauche puis, 100 m après, tourner à droite (panneau « Vissec par la Vis »). Au bout de 200 m prendre à droite vers Vissec.
- Le chemin se rétrécit en sentier et rejoint la vallée de la Vis. Traverser la D814, suivre le lit de la rivière puis, arrivé à la confluence, suivre le même itinéraire qu'à l'aller.

Pour compléter
- IGN n° 2642 ET.
- *Le Gard à pied*, sentier n° 19.

La résurgence de la Vis au moulin de la Foux • L'expression la plus spectaculaire du travail souterrain de l'eau se trouve probablement dans la résurgence de la Vis, au niveau de la source de la Foux où un moulin a longtemps tiré profit de son énergie. Après un circuit de plusieurs kilomètres dans un réseau tortueux et sombre elle rejaillit en surface au pied des Causses, alimentant tous les villages environnants et laissant derrière elle une vallée desséchée, trace de son ancien passage à l'air libre, où l'on trouve d'ailleurs le bien nommé village de Vissec. Les gorges de la Vis, situées 300 mètres en dessous des Causses forment un lieu écotone – interface entre deux milieux écologiques différents qui favorise la biodiversité. Pendant longtemps les pentes abruptes furent taillées en terrasses et colonisées par l'agriculture – vigne et olivier –, aujourd'hui délaissée.

Le belvédère de Blandas

• **Pour contempler le cirque de Navacelles, se rendre au belvédère de Blandas – un des deux points de vue remarquables avec celui de la Baume Auriol – où vous trouverez une table d'interprétation du paysage.**

La Vis en amont de Vissec.

LE CIRQUE DE NAVACELLES •
Perle du Larzac, le cirque de
Navacelles, méandre abandonné
de la Vis, porte le nom du village
posé dans son écrin de falaises
dolomitiques – on suppose que
navacelles vient du latin *nova*
(« neuve ») et *cella* (« cellule,
sanctuaire »). Or c'est bien face
à un sanctuaire que nous nous
trouvons, véritable témoin des
temps les plus reculés, livre
ouvert sur l'aube de l'humanité.
Le calcaire est un élément primor-
dial de l'environnement caussenard. Il atteste de l'érosion
karstique – celle où prédomine
l'érosion chimique. La dolomie
quant à elle, calcaire enrichi en
magnésium, est une évaporite,
roche formée dans des conditions
d'évaporation particulières et
moins sensible à l'érosion
comme en témoigne le relief
« ruiniforme » – durant l'ère
secondaire le sud de la France
était recouvert par la mer de
Thétis, mer chaude et peu
profonde favorisant la sédimenta-
tion. Reflet de l'histoire fossile,
les roches nous renseignent à la
fois sur des formes de vies passées
– dont certaines ne furent jamais
contemplées par l'œil humain –
autant que sur la préhistoire,
comme ces traces de charbon
attestant d'une forêt primitive
mixte jamais reconstituée depuis.
Navacelles semble être un lieu
hors du temps !

Un méandre en aval de Vissec.

2 ENTRE CÉVENNES ET GARRIGUE

COMBE CHAUDE • Située sur la commune de Sumène, Combe Chaude est classée Réserve naturelle volontaire depuis 1989. À cheval sur deux départements – 59 hectares dans le Gard et 20 hectares dans l'Hérault –, elle est voisine du parc national des Cévennes. C'est à la fois la valeur biologique et culturelle de cet espace composé de falaises et de garrigues, qui ont attiré l'attention. Cette région présente en effet une grande variété de reliefs et de paysages due à la fois à la géologie, à l'orographie et à la géomorphie – il n'est pas rare de passer sans transition d'une forêt de chênes verts poussant sur sol calcaire à une châtaigneraie recherchant au contraire les sols schisteux. Au regard de l'histoire géologique, nous nous trouvons ici sur la faille des Cévennes. Lieu d'habitation privilégié des hommes – plusieurs grottes furent occupées dès le néolithique –, et des animaux – les falaises calcaires, les versants et cavités sont le refuge des grands rapaces et des chiroptères (chauve-souris), aujourd'hui protégés.

Le village de Sumène.

Le sentier est court mais assez abrupt, il offre une belle vue sur la vallée et le village de Sumène.

Distance et temps

- 1,5 km
- 50 mn

Dénivelé

- 70 m

Départ

- À Sumène, 6,5 km au nord de Ganges par la D11. Parking en bord de route, peu avant l'entrée du village. Sentier interdit aux animaux domestiques.

Attention !

- Après de fortes pluies.

Niveau de difficulté

- Moyenne

Balisage

- Poteaux directionnels.

Parcours

- Depuis la route traverser la rivière à sec pour rejoindre le centre d'accueil la « Bergerie ». De là suivre de lieu en lieu les directions suivantes :
  - sentier d'interprétation,
  - la perte du Bourrut,
  - les ratapenades,
  - le belvédère du noyer,
  - la mine,
  - les 4 saisons,
  (D'ici possibilité de rejoindre les falaises du ranc de Banes.)
  - le sous-bois,
  - le belvédère du noyer,
  - la bergerie.

Pour compléter

- IGN n° 2741 ET.
- *Le Gard à pied*, sentier n° 22.

Le ranc de Banes.

LA FAILLE DES CÉVENNES • Plus que par ses limites administratives, un pays se définit par ses frontières naturelles que sont les grands traits dessinés sur le sol par les reliefs et les cours d'eau. Traversant le Languedoc depuis Clermont-l'Hérault jusqu'en Ardèche, en passant au pied de la Séranne, à la grotte des Demoiselles, et par les villes de Saint-Hippolyte-du-Fort, d'Anduze et d'Alès, la faille des Cévennes marque la limite entre d'une part les Grands Causses, puis les Cévennes, et d'autre part les garrigues montpelliéraines et gardoises. En surface, les efforts auxquels sont soumises les différentes roches ont souvent pour conséquence de provoquer des fractures, lorsqu'elles sont accompagnées de déplacement on parle de faille. En Languedoc-Roussillon, il en existe de toutes dimensions ayant provoqué des déplacements variables. La faille des Cévennes est une des plus repérables et des plus parlantes car elle souligne des terrains aussi contrastés en surface qu'en sous-sol. À Sumène, cette transition

LA POMME REINETTE DU VIGAN • La reinette du Vigan est une variété cévenole rustique très ancienne. Sous sa peau rugueuse, elle cache une chair blanche semi-juteuse et parfumée. Après le déclin de la sériciculture, les vergers de pommiers ont remplacé les cultures de mûriers dans le fond des vallées, au sol riche et léger, où la reinette bénéficie du meilleur ensoleillement et de l'eau fraîche et pure de l'Aigoual. On peut la consommer dès la fin de l'automne. Avec ses écarts de fruits – fruits de petits calibres –, les producteurs font un jus de pomme de grande qualité.

Châtaigniers cévenols au premier plan et versants de chênes verts.

entre Cévennes et garrigues est lisible à la fois dans les paysages – châtaigniers et chênes verts s'y côtoient –, dans les cultures – plis des flans de montagnes ourlés de « faïsses » (terrasses cévenoles) –, et dans les traditions, bigarrées de caractère méditerranéen et montagnard. Il n'est pas de hasard à ce que ces zones soumises aux mouvements sismiques et donc à la force permanente du changement soient aussi vivantes et riches.

LE RIEUTORD • Ce « ruisseau tordu », en occitan, prend sa source sur la montagne du Liron. Son parcours est typique des rivières et fleuves côtiers de la région. On serait tenté de dire que son caractère est à l'image de son parcours géographique. Il louvoie entre surface et profondeur au gré des résurgences, sculptant dans le calcaire avens et grottes souterraines. Son débit d'humeur changeante varie au fil des saisons. Le Rieutord, c'est un peu l'Arlésienne ! Ainsi son lit « réel » retrouve l'Hérault à Ganges, même si cette ville ne voit son eau qu'en période de crue.

LE CLIMAT DANS LA RÉGION

• CARACTÉRISÉE PAR SA LATITUDE méridionale, la proximité d'une mer chaude et l'existence de reliefs montagneux faisant en partie obstacle aux influences venues du nord ou de l'ouest, la région vit sous un climat de type méditerranéen. Cette marge climatique tempérée présente son interprétation personnelle des quatre saisons.

Les concluses de Lussan.

Vers la fin septembre, ou encore en octobre, la tempête d'automne annoncée par un violent coup de vent venu du sud-ouest sonne le glas des beaux jours. Les rivières, à l'étiage estival très bas, subissent alors un brusque gonflement de leurs eaux, provoquant des crues locales spectaculaires et souvent dramatiques. Entre la mi-novembre et la mi-janvier, le mauvais temps d'hiver s'installe, ponctué par une succession de tempêtes plus ou moins violentes. Puis une période d'une quinzaine de jours à un mois, située entre le 15 janvier et le 15 mars, apporte un répit. On parle alors du « beau temps d'hiver » tant jalousé des régions voisines. Mais février n'a pas encore dit son dernier mot, apportant son lot de frimas durant une décade. Si cette période « glaciaire » déborde sur mars, il s'agit des « prestacci », les jours prêtés à mars. Suivant les années, en avril ou au tout début du mois de mai, la douceur du climat annonce un printemps précoce sur cette région bénie de l'hexagone. Puis les chaleurs estivales reviennent en force avec leur flot de touristes déferlant du nord.

LES TANNINS

• « LE DÉSIR DE ROUGE, de "vrai rouge", de rouge intense, est un désir aussi ancien qu'universel. » Paradoxalement, les plantes dont il est issu ne jurent que par le vert.

Sur l'ensemble des colorants les plus employés en teinturerie au XVIIIe siècle, la garrigue en livre la moitié. Parmi eux, deux rouges dominent le monde de la teinture naturelle : le vermillon, tiré d'un insecte parasite du chêne kermès et la garance dont le système racinaire concentre de nombreux principes tinctoriaux. Durant des siècles, avant l'arrivée fatale d'une cochenille venue du Nouveau Monde, et celle d'une alazarine de synthèse qui devaient chacune les supplanter, ils furent tous deux la source d'une économie florissante. Chaque printemps les bois touffus de chênes kermès étaient littéralement pris d'assaut lors de la fameuse cueillette des graines d'écarlate – protubérances laissées à la surface des chênes par les larves femelles du kermès, nom de ce coccidé, et qui peuvent renfermer chacune jusqu'à 6 000 œufs gorgés d'acide kermésique, à l'origine d'une coloration rouge très pure, aussi appelée vermillon.

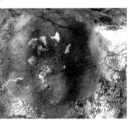

Les lichens étaient aussi utilisés comme colorants.

Cette cueillette, délicate et très prisée était effectuée sous haute surveillance. Lorsqu'on sait qu'il faut des quantités de ce colorant égales aux quantités de tissus à teindre, on comprend vite l'engouement autour de ce commerce très lucratif. Aujourd'hui les colorants naturels ont quasi déserté la garrigue et les étals des teinturiers. Mais l'attraction suscitée par ces teintures, d'une richesse et d'une subtilité de tons toujours inégalés, demeure !

3

LA MER DES ROCHERS

• EN SURPLOMB DU VILLAGE de Sauve, une vaste étendue de roches déchiquetées rappelle à s'y méprendre les reliefs d'une mer déchirée. Ce lieu d'un abord mystérieux est appelé à juste titre la mer des rochers. L'histoire et la géologie révèlent ici leurs secrets mis à nu. Dans ce dédale, entre chênes verts, lauriers-sauce, ronces et buissons on découvre de nombreuses ruines, traces d'anciens mazets ou encore du *castellas*, château en cours de rénovation. Mais c'est sans conteste l'œuvre de l'érosion qui retiendra le plus l'attention. Ce chaos de rochers est appelé « lapiez » – surfaces creusées de cannelures ou de rigoles, séparées par des lames tranchantes, et qui

Lapiez.

résultent de l'érosion des roches calcaires par ruissellement des eaux qui les dissout et les ronge. L'hiver, l'eau peut geler dans les fissures et faire éclater la roche, on parle alors de gélifraction. Ses géants de pierre sont le résultat de l'action conjuguée de l'érosion et des intempéries sur la roche. Ce site apparemment austère se révèle par ailleurs riche en éléments nutritifs pour les plantes, grâce à la « terra rossa » née de la dissolution du calcaire par l'eau et qui s'est accumulée dans les dépressions et autres anfractuosités. Jusqu'au milieu du XXe siècle, les Sauvains transformèrent ce lieu en un verger luxuriant aux essences variées de cerisiers, figuiers, pêchers et célèbres micocouliers.

Après la traversée de la mer des rochers, la balade décrit une longue boucle dans les bois, sur le massif séparant Sauve de Quissac. En fin de balade point de vue sur la vallée du Vidourle.

Distance et temps
- 8 km
- 3 h

Dénivelé
- 370 m

Départ
- À Sauve, à 45 km à l'ouest de Nîmes, parking à l'entrée du village sur l'esplanade de la Vabre.

Attention !
- Les lapiez coupants de la mer des rochers.
- Le retour vers Sauve se fait par la variante du PR® de Quissac, également balisée en jaune.

Niveau de difficulté
- Difficile

Balisage
- Jaune

Parcours
- Depuis l'esplanade emprunter le vieux pont, monter l'escalier couvert et suivre le balisage, au fil des rues, qui mène à la mer des rochers.

- Parcourir le sentier qui traverse ce chaos calcaire. On passe à proximité des blocs (**A**) où peut se pratiquer l'escalade (voir l'office de tourisme).
- Le sentier débouche sur une calade, prendre à gauche vers Quissac sur 1 km. Rejoindre un chemin carrossable, poursuivre à gauche vers Quissac.
- Après environ 3 km bifurquer à gauche (**B**).
- Rejoindre une piste (**C**), la suivre sur la gauche. Le chemin entame une longue boucle autour du serre du Grand-Cressau.
- Un petit sentier est indiqué qur la droite (Quissac) (**D**), mais continuer la piste principale (variante du PR®). Rejoindre le sommet du Leiris (470 m), poursuivre le sentier.
- Environ 600 m plus loin tourner à gauche pour Sauve (à droite descente raide vers le hameau Leiris, au bord du Vidourle). Poursuivre vers Sauve (**E**), rejoindre le village puis le départ.

Pour compléter
- IGN n° 2741 ET.
- *Le Gard à pied*, sentier n° 45.

La mer des rochers au couchant.

LA SALSEPAREILLE • C'est la compagne idéale du chêne vert, une des rares à survivre à l'ombre de son couvert dense où sa présence envahissante empêche souvent toute progression en sous-bois. Ses jeunes pousses peuvent être consommées crues ou cuites, comme des asperges. Par la suite, cette liane – la célèbre herbe des Schtroumpfs –, n'a plus rien d'appétissant, avec ses feuilles vernissées et tachées de clair en forme de cœur ou de pointes de flèches, toutes armées d'aiguillons.

VIDOURLE & VIDOURLADE • Pour les Sommiérois, Vidourle – et non le Vidourle – est un personnage à part entière dont les humeurs changeantes ponctuent avec fougue la vie de la cité. Ici on est habitué à ses débordements. Ce cours d'eau – qui prend sa source à 500 mètres d'altitude, dans la montagne de la Fage, en bordure sud-est du mont Aigoual –, d'une dimension ordinairement ridicule, si l'on en juge ses 85 kilomètres de long à peine mentionnés sur une carte géographique, sonne l'heure du tocsin le plus ordinairement à l'automne. On parle alors jusqu'à Paris des *vidourlades*, crues aussi rapides que violentes qui depuis des lustres habitent la mémoire locale et nationale. Pourquoi un tel phénomène météorologique ?

Septembre 2002 à Sommières.

Des nuages bas et lourds poussés par un vent du Midi remontent de la mer jusqu'aux contreforts des Cévennes où ils viennent se heurter. Le refroidissement subit provoque une condensation et les nuages s'abattent en pluies violentes et soudaines sur les versants de la montagne jusqu'en aval où les terrains rendus imperméables laissent passer les milliers de ruisseaux venus grossir les rivières, emportant tout sur leur passage – en quarante minutes le niveau peut s'élever jusqu'à sept à huit mètres au-dessus de l'étiage. Vivre au pied des Cévennes dont les terrains sont composés de schistes imperméables, n'est pas de tout repos. Demandez aux habitants du Gard de vous parler des non moins célèbres *gardonnades* !

Le micocoulier et les fourches de Sauve • Aux abords des églises romanes ou autres lieux sacrés,

le micocoulier règne en maître. Il doit sa présence à son port magistral et à sa longévité. Sa stature est proche de celle du platane – victime du chancre coloré – avec lequel il rivalise le long des rues et sur les places des grandes villes du Midi. Il fait partie de la famille des Celtidés, dénomination antique des arbres à fruits sucrés. Les micocoules sont d'ailleurs utilisées dans la fabrication d'une liqueur, nommée « airgadent » ou « chasse-diable » en Italie. L'homme a su tirer largement profit de cet arbre généreux. Dans les Pyrénnées-Orientales, on s'en sert pour la fabrication de cravaches et de fouets grâce à la très grande souplesse de son bois. Dans le Gard, son nom est étroitement associé à la commune de Sauve, où sont fabriquées depuis bientôt un millénaire les célèbres fourches. Leur usinage relève d'un procédé minutieux mettant en avant toutes les qualités de cet arbre. Le micocoulier possède la propriété de repartir du pied ou des racines. Ce sont ces « drageons » que l'on utilise pour la fabrication des fourches. Lorsque ces arbrisseaux atteignent environ

Fourche en bois de micocoulier.

1,20 mètre on choisit la plus belle fleur de lys – emplacement où il forme trois bourgeons d'où partiront les trois dents de la fourche. À partir de là on dirige la marche de la sève en élaguant régulièrement afin de la répartir dans les trois fourchons. Une fois coupées puis triées, elles sont placées dans des fours et débarrassées de leur écorce à l'aide d'une serpette. On les place ensuite dans une potence afin de « casser le nerf » du bois et mettre ainsi le manche et les becs droits. La forme finale est affinée dans un moule appelé « escalette », puis dans un « métier » où la cambrure du manche est apportée. Pour finir on pose une cravate – lanière d'écorce enroulée autour du manche – et on dispose verticalement les fourches dans un four où se consume un feu doux chargé de fumée, ce pendant 18 heures. En fin de cuisson, on retire la cravate, découvrant une trace blanche : marque des fourches de Sauve !

Un micocoulier non modifié par les coupes.

GENÉVRIER ET HUILE DE CADE

HUILE DE CADE • Seules deux usines en Europe continuent de fabriquer la précieuse huile de cade, une en Espagne et l'autre à Claret, en plein cœur du vignoble du pic Saint-Loup. Le cade, ou oxycèdre, est un genévrier de nos garrigues méditerranéennes riche d'une « oléorésine » à la couleur rouge-brun. Son huile est un « goudron » extrait de la plante par pyrolisation. Les bûches de genévrier cade sont enfermées dans une vaste cornue – récipient à col étroit, long et courbé, qui sert à distiller –, hermétiquement fermée et chauffée par l'extérieur. Les vapeurs extraites sont recueillies, refroidies et décantées, produisant une huile riche en molécules aromatiques aux vertus très prisées. Jadis les bergers l'utilisaient pour son pouvoir cicatrisant. On lui reconnaît également des effets curatifs sur l'eczéma, le psoriasis et autres maladies de peau. Elle entre ainsi dans la composition de shampoings, pommades et savons… Souvenez-vous du velouté de pêche de *Bébé Cadum* !

LE GENÉVRIER CADE OU OXYCÈDRE

• Le genévrier cade est surtout connu sous forme de boule vert cendré présent dans les friches et les espaces brûlés. Ses minuscules fleurs blanches – mâles et femelles ornant chacun un arbre différent – donnent à pleine maturité des baies vertes virant au brun rougeâtre dont les grives sont friandes. Son bois et ses fruits, une fois écrasés, dégagent une forte odeur de résine mélangeant genièvre et gin. Très résistant, son tronc fut utilisé pour la confection de statues, quant à ses rameaux ils servirent longtemps d'enseigne à nos cabarets.

LES LAURIERS

LE LAURIER-SAUCE • Le *laurus nobilis*, laurier-sauce, est l'arbre sacré d'Apollon. Il fut souvent associé à la gloire et à la récompense. D'ailleurs les mots lauréats et baccalauréats trouvent leur origine dans le mot latin *laureatus* qui signifie « couronné de laurier ». Si tous les lauriers sont toxiques, seul le laurier-sauce possède à la fois des vertus culinaires et curatives. Il est un des ingrédients essentiels du bouquet garni. Cette plante qui a su quérir tant de noblesse à travers l'histoire est une très bonne herbe médicinale, autrefois utilisée pour provoquer les menstruations.

LE LAURIER-TIN • Arbuste peu répandu au début du XXe siècle, le laurier-tin, ou viorne, a su profiter de la progression des forêts pour étendre son beau feuillage persistant d'un vert brillant. Il a pour particularité de fleurir durant tout l'hiver en dégageant un doux parfum. Ses fleurs roses en bouton virent au blanc en vieillissant puis laissent place à une abondante production de fruits, d'abord bleu-violet puis noirs, présents sous forme de grappe. S'il préfère les expositions ensoleillées, il prospère en tout sol, y compris sur les sols calcaires. Sa croissance est rapide et supporte bien la taille.

LE BOIS DE PARIS

CHARBONNIERS ET CHARBON DE BOIS
• Depuis le Moyen Âge et jusqu'aux années cinquante le cœur de nos forêts fut le refuge des charbonniers, venus mener là une vie de reclus entre mai et novembre, à deux pas de leur meule dont ils surveillaient nuit et jour la combustion dans une attente longue et patiente. La carbonisation pouvait, selon la taille de ce « dos de tortue » recouvert de branchages et de terre, durer entre 7 et 30 jours. Autre temps, autre monde ! Cette profession autrefois florissante – maillon essentiel de l'activité métallurgique avant de céder la place au « charbon de terre » (la houille) – connut un dernier regain d'activité pendant la guerre de 1939-1945, en fournissant le combustible aux gazogènes, avant de s'éteindre définitivement. Seule trace désormais de leur activité passée, un réseau de petits sentiers dont on peut découvrir de nombreux tronçons sous les broussailles et, çà et là dans les forêts pentues, quelques vestiges de murailles en pierres sèches venues soutenir les fameuses « places charbonnières ». Le bois de Paris fut un lieu très fréquenté par les charbonniers.

LE CHÈVREFEUILLE DES BALÉARES • **Cette plante sarmenteuse et grimpante qui pousse sur des terres rocailleuses fait partie de la flore typique de la garrigue. Elle est une des 180 espèces différentes de chèvrefeuille. En juillet, elle se pare de petites baies rouge orangé ovoïdes, aussi belles que dangereuses. Si ces dernières possèdent des vertus médicinales, il faudra cependant bien vous garder d'y goûter car on les dit vomitives !**

À partir d'Aspères, une balade en garrigue qui mène au bois de Paris et offre des vues au loin sur le paysage.

Distance et temps
- 12 km
- 4 h

Dénivelé
- 200 m

Départ
- À Aspères, 35 km à l'ouest de Nîmes par les D40, D35 et D254. Parking près de la mairie.

Attention !
- Jours de chasse.
- Si vous explorez la grotte.

Niveau de difficulté
- Moyenne

Balisage
- Jaune

Parcours
- Au cœur du village le départ du sentier est indiqué. Suivre une petite route, contourner le cimetière en prenant à gauche de la croix (**A**). Reprendre ensuite la route, sur la gauche.
- Dans une des courbes de la route prendre le chemin carrossable (**B**). Le chemin serpente dans la garrigue, vers l'ouest.
- Le chemin grimpe dans la garrigue. Passer une éolienne, laisser à gauche deux chemins carrossables. 200 m après la seconde intersection prendre à droite une sente qui serpente et conduit à l'oppidum.
- Arrivé au bout suivre à droite le chemin carrossable qui monte. (Accès possible au roc du Midi.) Descendre à un carrefour important. Grotte du bois de Paris à 20 m à droite.
- Prendre à droite. À la patte d'oie s'engager dans un sentier tortueux qui monte. Descendre le versant nord du bois de Paris (**C**).
- Au calvaire suivre à droite le chemin de l'Eau-Chaude.
- Franchir le gué, s'engager tout droit. Franchir un ruisseau, grimper dans la garrigue, passer la ligne à haute tension.
- En haut de la colline aller tout droit. Dans la descente partir à droite aux diverses intersections. On entre dans Aspères par une ruelle montante.

Pour compléter
- IGN n° 2842 ouest.
- *Le Gard à pied*, sentier n° 48.

LA FORÊT • L'exode rural, la cessation ou la diminution des exploitations agricoles, l'abandon progressif des ressources forestières ont modifié sans conteste le visage de nos campagnes tout au long du XXᵉ siècle. L'espace déserté par les hommes, laissant derrière lui des terres en friche, fut rapidement réinvesti par la forêt.

En Languedoc-Roussillon, elle couvre à ce jour un tiers du territoire, soit deux fois plus qu'il y a un siècle. On pourrait à première vue s'en réjouir dans un contexte écologique mondial alarmant. Cependant à bien y regarder, il convient de constater que cette réappropriation naturelle des arbres sur le sol est loin de satisfaire aux réalités environnementales actuelles, d'où l'idée d'accompagner la « régénération de la forêt ». Le développement d'espaces forestiers naturels sous forme de taillis impénétrables, et de surcroît très exposés aux incendies, doit faire l'objet d'une intervention humaine afin de garantir l'équilibre entre les fonctions, productive, écologique et sociale de la forêt. Le sujet est d'autant plus sensible que cette intervention est rendue difficile par le morcellement du territoire dont les trois-quarts appartiennent à des propriétaires privés. Toutefois il semble que cette véritable sylviculture adaptée aux spécificités méditerranéennes soit amorcée. Elle comprend de nombreuses mesures qui devraient permettre de sauvegarder, voire d'améliorer la biodiversité et l'écosystème.

Le pic Saint-Loup depuis le bois de Paris.

LE PIC SAINT-LOUP • Le profil élancé du pic Saint-Loup, superbement orné d'une crête de calcaire corallien, attire le regard comme un aimant. Il dresse ses pentes à 25 km au nord de Montpellier offrant un promontoire naturel haut de 659 mètres qui par temps clair s'ouvre sur les Cévennes, la mer, le mont Ventoux et le massif du Caroux.

Ce lieu de promenade privilégié recèle toutes les richesses : historique, géologique, botanique… Depuis la préhistoire les hommes ont occupé ses grottes – comme celle de l'Hortus qui lui fait face –, qui leur ont offert un refuge naturel. Aujourd'hui, les vins des domaines du pic Saint-Loup ajoutent à l'ivresse ressentie devant la beauté de ces paysages.

LA SYLVICULTURE TRUFFIÈRE

• QUI N'A JAMAIS RÊVÉ, comme Pinocchio, de voir pousser un arbre d'or ! C'est à cette quête que s'emploient les sylviculteurs truffiers. Si les champignons restent une des formes du vivant les moins connus, les associations symbiotiques de certains d'entre eux ont dévoilé peu à peu leur mystère. Ainsi les champignons du genre *Tuber* (les truffes) se développent en symbiose avec la plupart de nos essences forestières – chênes pubescents, verts, lièges, kermès, pin d'Alep et châtaigniers… Nous devons l'appellation d'« or noir » à la truffe dite du Périgord (*tuber melanosporum*), la « rabasse » des Provençaux. On la trouve principalement dans le sud de la France, sous des climats chauds et secs, entre 0 et 1 000 mètres d'altitude. En maturité de décembre à mars, sa production connut son apogée dans les années 1980 avant de sombrer avec la ferme-ture des milieux dits « ouverts ». Aujourd'hui l'essentiel de la production des ascocarpes – fruits de la truffe – provient de la plantation d'arbres mycorhizés. Sur les terrains calcaires, le revenu des propriétaires forestiers peut être optimisé par cette production à forte valeur ajoutée. On note que pour qu'une production de bois

soit optimale il est bon de veiller au meilleur échange symbiotique entre arbres et champignons, par conséquent de mieux connaître et protéger l'écosystème forestier.

Les tannants

• ENTRE L'ÉCORCE ET L'AUBIER du chêne vert, du kermès ou encore dans les feuilles du sumac des corroyeurs – aussi appelé vinaigrier – se trouve une substance particulièrement astringente (qui exerce un resserrement sur les tissus vivants), matière première recherchée pour la tannerie. Jusqu'à la fin du XIXe siècle les *ruscaires* – chargés de l'écorçage des arbres – vont fournir en produits tannants cette industrie française florissante, très active dans le Midi de la France. L'écorçage commence avant la montée de la sève. Détachée en larges lanières à l'aide d'un écorçoir, l'écorce est ensuite liée en bottes, protégée de la pluie et mise à sécher jusqu'à la fin du mois de juillet. Elle aura alors perdu 40 % de son poids et sera prête à subir la pesée. Les transactions ont lieu lors des foires, dont la célèbre foire de Beaucaire, dans le Gard. Une fois broyée et concassée l'écorce fournit une poudre appelée « tan » qui pendant plusieurs siècles permit d'assurer l'imputrescibilité des cuirs destinés aux vêtements et aux chaussures, des plus communs aux plus luxueux.

L'écorce du chêne vert.

Le sumac des corroyeurs.

LE MONT BOUQUET

C'EST LE BOUQUET ! • Ce mont est l'un des vastes massifs calcaires de forêts et de garrigues qui marquent la transition entre le littoral et les Cévennes. Du haut de ses 630 mètres, il est le point culminant situé entre la vallée de la Cèze et celle du Gardon. En pente douce à l'ouest, en à-pic à l'est, sa couverture de chênes verts parsemée de grottes fut, comme bon nombre d'autres massifs dans la région, un repère idéal pour les camisards. Ce remarquable belvédère est inscrit depuis 1969 à l'inventaire des sites. Ses falaises abritent plusieurs rapaces d'intérêt national et européen, comme le prestigieux vautour percnoptère d'Égypte. Lorsque le vent venu de la mer souffle face à la pente, certains amateurs de vol libre, mi-homme mi-oiseau, forment un bouquet multicolore sur un fond azuré parfois clairsemé de nuages !

Depuis le mont Bouquet vers les Cévennes.

Au fil de la balade, s'ouvrent tous les horizons du paysage qui environne le mont Bouquet, jusqu'aux Cévennes et au mont Lozère, jusqu'au mont Ventoux et au-delà vers les Alpes.

Distance et temps
- 8 km
- 3 h

Dénivelé
- 380 m

Départ
- À Seynes, 19 km à l'est d'Alès par la D6. Parking devant le transformateur (au bord de la D115).

Attention !
- Jours de fort mistral.
- Jours de chasse.

Niveau de difficulté
- Moyenne

Balisage
- Jaune

Parcours
- Traverser la D115 et monter en face par l'ancien chemin du Bouquet. Il s'engage à droite derrière la villa Chabrol.
- Le chemin rejoint la D607 (**A**), la suivre à gauche.
- Poursuivre la route à gauche là où le balisage jaune tourne à droite (**B**). Rejoindre le col du Bourricot (on retrouve ici le balisage jaune) et poursuivre. Un peu plus loin dans la montée tourner à gauche dans un petit sentier en sous-bois qui rejoint le sommet.
- Passer devant la chapelle, on est au point culminant du Bouquet.
- Amorcer la descente plein sud en longeant le terrain de vol libre. (**C**). Descendre une piste très caillouteuse, en bas prendre à gauche.
- Environ 2 km plus loin, au carrefour, prendre à gauche un chemin qui descend à flanc de falaise jusqu'à Seynes (**E**).

Pour compléter
- IGN n° 2840 OT.
- *Le Gard à pied*, sentier n° 33.

LES CHÊNES

• IL SUFFIT DE LIRE les cartes géographiques ou encore de consulter le Bottin pour saisir l'importance de l'implantation des diverses variétés de chêne dans la nature méditerranéenne et donc dans sa culture. Combien l'yeuse a-t-elle donné de Dezeuze, de Deleuze… le chêne blanc de Lablache, La Blaque… ? Les rapports anciennement entretenus par l'homme avec son environnement végétal ont ainsi laissé leur empreinte tant sur les noms de lieux que sur les noms de personnes. Mais la coupure de l'homme avec la nature voit disparaître des pans entiers de savoirs populaires autrefois spontanés chez tous les paysans et vignerons. Désormais peu de gens savent encore distinguer et nommer les chênes. Hormis quelques rares botanistes, qui saura bientôt reconnaître le chêne chevelu, le rouvre, le pédonculé et tant d'autres espèces qui habitent pourtant tous les étages de notre végétation !

Détails de branchages : chêne vert…

• LE CHÊNE BLANC, aussi qualifié de « pubescent » en français, doit son nom à la face inférieure velue de ses feuilles. Aimant les endroits frais, on le trouve dans les vallons et les plis humides des garrigues. Tout au long de l'année son feuillage passe par différentes couleurs, oscillant du gris vert au jaune orangé nuancé de rouge, pour finir au beige. Ses feuilles caduques tombent

... et chêne blanc.

• LE CHÊNE VERT, ou l'yeuse, cher à Giono et dont les silhouettes crêpues ornent d'un vert immuable les collines méditerranéennes est un arbre typique du maquis et de la garrigue. Très présent dans le Midi, il remonte également jusqu'à la Bretagne. En général court et trapu, il peut parfois atteindre 20 mètres. Son bois au printemps expulsées par les jeunes bourgeons. Il est souvent attaqué par divers champignons et insectes comme le cynips, insecte à l'origine d'excroissances en forme de bille, galles qui furent très recherchées pour la fabrication de l'encre et de la teinture noire. Mais c'est surtout au pied de cet arbre multicentenaire que l'on se penche afin de rechercher l'or noir du Midi, la truffe !

est l'un des meilleurs combustibles qui soient. Son nom d'espèce (*ilex*) fait allusion à ses feuilles qui ressemblent à celles du houx. Durant les étés caniculaires, ces dernières font preuve d'une formidable adaptation en exposant au soleil leur face argentée afin de renvoyer la chaleur et d'éviter ainsi le dessèchement.

LES CONCLUSES DE LUSSAN

LE MENHIR DE LA LÈQUE • Entre 250 et 300 menhirs sont répertoriés dans le Gard. Le menhir de la Lèque, dans la région de Lussan, dit menhir de Peyrefiche (la pierre plantée), domine tous les autres du haut de ses 5,60 mètres. Les mégalithes – monuments pré ou protohistoriques formés d'une seule ou de plusieurs grandes pierres – sont le plus souvent taillés dans du calcaire ou du granit. Les spécialistes s'interrogent encore sur le mode de transport de ces géants de pierre et sur leur érection dans le sol. Certains pensent qu'ils étaient acheminés sur des rondins, d'autres sur des traîneaux de bois glissant sur un lit d'argile humide. On suppose l'existence d'un transport fluvial ou maritime – harnachés de flotteurs en bois les mégalithes auraient ainsi été livrés au courant ou aux marées. Leur mystère reste aussi dur à percer que la pierre dont ils sont faits. Jouaient-ils un rôle dans l'observation des astres ou le calcul du temps ? Servaient-ils à équilibrer les forces telluriques ? Seule certitude, la force de leur rayonnement traverse les âges et les cœurs !

LES CONCLUSES • **L'Aiguillon, ruisseau à sec durant l'été, a creusé dans le plateau calcaire un défilé rocheux appelé « concluses ». Au lieu dit « le Portail » les parois des gorges se resserrent jusqu'à se toucher et leur base s'arrondit en un goulet par lequel l'eau s'écoule en période de crue.**

Il y a un accès direct aux concluses depuis Lussan, par la D143 puis la D643.

Distance et temps
- 14 km
- 4 h 50

Dénivelé
- 125 m

Départ
- À la Lèque (au nord de Lussan), 23 km au nord d'Uzès par la D979. Parking à droite à l'entrée du hameau.

Attention !
- Jours de chasse.
- Passage en corniche, gué.

Niveau de difficulté
- Difficile

Balisage
- Jaune

Parcours
- Prendre à gauche dans la Lèque, traverser la ferme des Granges (**A**) et emprunter la route à droite. Rester sur la piste principale (balisage).
- Après environ 1,2 km se diriger à gauche sur 50 m, puis à droite sur un chemin qui devient sentier. Dolmen de la Table-des-Turcs (**B**).
- Descendre à droite vers la vallée par un sentier escarpé. En bas s'engager à droite dans la combe. Après la jonction avec les gorges du Merderis (à droite) continuer sur 200 m.
- Au niveau de trois gros rochers alignés au milieu du lit de gravier, monter à droite par un sentier escarpé. Sur le plateau ne jamais emprunter la piste qui longe la sente.
- Traverser la piste qui passe devant le menhir (**C**). Prendre en face un sentier. Il coupe un chemin, devient rocailleux et plonge dans une combe. Atteindre une patte d'oie.
- [Accès aux concluses : sentier 1 h aller-retour ; continuer à gauche, on rejoint le Portail (passerelle sur l'Aiguillon).]
- Pour poursuivre la balade s'engager à droite. En haut de la combe, suivre la piste à droite. À l'intersection avec une autre piste, prendre à gauche. 500 m plus loin suivre le sentier en face à droite.
- Rejoindre une piste, la suivre à droite. À la patte d'oie tourner à gauche, le chemin descend puis amorce un virage à angle droit. À la sortie du virage s'engager à droite sur une sente qui franchit un gué et ramène à la Lèque.

Pour compléter
- IGN n° 2940 OT.
- *Le Gard à pied*, sentier n° 27

LE MASSIF DE LA CÈZE

• MÉJANNES-LE-CLAP EST SITUÉ sur un plateau de garrigues d'une altitude moyenne de 300 mètres, au nord du Gard, à proximité des gorges de la Cèze et à deux pas de l'Ardèche. Son climat méditerranéen privilégié, même s'il reçoit les influences du Massif central, lui vaut un ensoleillement aussi exceptionnel que celui de Nice. Les vagues d'occupations humaines s'y sont succédé depuis la préhistoire laissant derrière elles de nombreux vestiges.

À Méjannes, on peut admirer les dolmens de la Baume-des-Fades et de la Maison-des-Fées. C'est la première fois que les hommes de la protohistoire (âge des métaux qui correspond à la période comprise entre - 2 500 avant J.-C. et la conquête romaine, soit l'apparition des documents écrits) établissent leur sépulture en dehors des lieux naturels. On trouve aussi des grottes qui furent jadis habitées, comme celle de Peyre-Haute.

Aiguilles et jeunes baies de l'asperge.

L'ASPERGE SAUVAGE • **Cette plante à souche rhyzomateuse – songez aux iris –, forme des buissons peu denses, à tiges ligneuses, longues, souples et retombantes. Elle est caractéristique de l'association avec le chêne vert. Entremêlée aux lianes crochues de la salsepareille et aux piques du fragon, elle constitue avec eux ce que l'on nomme les « bartas », véritables barrières infranchissables des sous-bois. Ses fleurs estivales d'un jaune verdâtre donnent de petites baies noires. Au printemps les connaisseurs dégustent les jeunes pousses d'asperges en omelette. Dans l'ancienne pharmacopée, elle était une des cinq racines apéritives avec le fenouil, le persil, l'ache et le fragon.**

Une balade pour découvrir la grotte aven de Peyre-Haute.

Distance et temps
- 7 km
- 2 h 30

Dénivelé
- 80 m

Départ
- À Méjannes-le-Clap, à 30 km au nord d'Uzès par les D979 et D167. Suivre la D167 vers Le Clap, parking à environ 3 km, sur la gauche, à la Taillade.

Attention !
- Jours de chasse.

Niveau de difficulté
- Moyenne

Balisage
- Poteaux directionnels et balisage jaune.

Parcours
- Depuis le parking de la Taillade, suivre le sentier à travers dans les herbes (**A**) vers « mas de la Taillade ». Retrouver un chemin, prendre à gauche. Au mas prendre à droite (**B**) à travers la garrigue puis à gauche vers « la Rabasse ».
- Le sentier rejoint une piste à « la Rabasse », suivre « Peyre-Haute ».
- Prendre à gauche (**C**) le sentier qui entre dans la forêt et rejoindre la grotte aven de Peyre-Haute (**D**).
- Faire demi-tour jusqu'à « la Rabasse » et prendre à droite vers « Caporie ».
- Suivre ensuite « chemin des Bûcherons », puis « Carquignau ». Le chemin rejoint une piste. Passer « chemin des Dolmens » et poursuivre vers « le Mouriou ».
- Prendre « la font des Agneaux », « le mas du Clap » et enfin « la Taillade ». Après l'entrée du mas du Clap, quitter la route pour prendre un chemin sur la droite.

Pour compléter
- IGN n° 2940 OT.
- Carte du réseau du massif et des gorges de la Cèze.

Variantes
- Possibilité à partir de la grotte aven de Peyre-Haute de rattraper « Caporie » à travers la garrigue. Se munir d'une carte précise.
- Possibilité à partir du chemin des dolmens d'emprunter la boucle de la Baume-des-Fades qui rejoint « le Mouriou ».

LES VERRIERS • Les premiers verriers du Languedoc furent sans aucun doute les Romains. Le corps des gentilshommes verriers remonte quant à lui à la fin du XIIIᵉ siècle. Le monarque Louis accorde aux nobles ruinés par les croisades le privilège d'exercer l'art de la science de « verroyer ». Puis en 1445, Charles VII fixe les règles déontologiques de la corporation, par le statut de Sommières, limitant leur exercice aux nobles issus d'une généalogie de verriers. En majorité protestants, ceux-ci sont la proie de divers tracas limitant leur extension. En 1725, la mort des molines est programmée par les états généraux du Languedoc

Un ancien four à la verrerie de Couloubrines.

qui, face à la consommation excessive en bois des verreries sylvestres, les repoussent sur les pentes de l'Aigoual et de l'Espérou.

La Révolution tout comme la concurrence des fabriques modernes fonctionnant au charbon « de terre » donnent le coup de grâce. Ici, sur le massif de la Cèze, les lieux restent les témoins de cette activité liée aux richesses naturelles – la silice sort du lit de l'Hérault, la chaux des calcaires du Causse et la soude de la combustion de la salicorne –, on y voit en effet plusieurs mas où se logeaient les verriers d'antan : le mas du Clap, celui de Crespinou ou encore de la Civadière.

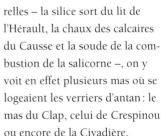

L'ancienne verrerie de Couloubrines, à Ferrières-les-Verreries.

Le chemin des verriers • En 1994, les artisans rallument les fours du chemin des verriers. De Ferrières-les-Verreries à Sommières en passant par Claret et Vacquières toutes les techniques du travail du verre sont représentées. Héritière d'une tradition multiséculaire, la verrerie d'art de Claret est aujourd'hui une pépinière des métiers d'art du verre où ce « noble art » s'exerce à nouveau en public.

Le buis ou « bois bénit » • La semaine précédant Pâques, le buis est utilisé pour rappeler l'entrée triomphale du Christ à Jérusalem. Chaque dimanche des Rameaux, ses branches sont bénies par le prêtre. Arbuste touffu, vivace, persistant et rustique chez nous, il est d'origine méditerranéenne. Durant la floraison il porte de petites fleurs jaune vert et dégage un doux parfum attirant abeilles et insectes venus faire leur miel. C'est un incontournable de la *topiaire* – art de sculpter arbres et arbustes –, déjà pratiquée dans l'Antiquité. Son bois très dur sert à fabriquer toute sorte d'objets dont le fameux cochonnet. Possédant de nombreuses vertus pharmaceutiques, il fut utilisé pour remplacer la quinine dans les cas de malaria. Son feuillage est un très bon engrais vert.

LES MARES TEMPORAIRES • Zone humide aux mille visages, la mare temporaire méditerranéenne est aussi appelée cupule, vasque, ruisselet ou étang temporaire. Son approvisionnement en eau est lié aux caprices du climat. Petite dépression au fond imperméable, d'origine naturelle ou artificielle, elle est souvent difficile à repérer, mal reconnue et donc extrêmement vulnérable. Qu'elles restent sèches pendant des durées variant de 5 à 10 ans ou bien qu'elles s'assèchent annuellement, les mares temporaires qui vivent ainsi plusieurs cycles de submersion et d'assèchement, abritent une étonnante diversité d'espèces animales ou végétales très bien adaptées à cet écosystème hors du commun. Certaines adaptations sont si efficaces que nombre d'espèces peuvent survivre plusieurs années sans eau. Malheureusement mal connus car peu attractifs, ces milieux humides sont 10 fois moins élevés qu'au début du XXe siècle, or les mares temporaires méditerranéennes abritent 4 % de la flore française menacée. Fougère aquatique primitive, pélobate cultripède (amphibien en voie de disparition) ou triton marbré trouvent refuge dans ces vasques… Alors, méfions-nous de l'eau qui dort !

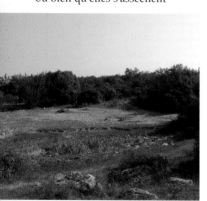

Le lac temporaire de Trépadone.

L'ÉTANG DE VALLIGUIÈRES

• À quelques kilomètres au nord de Remoulins, cet étang fait partie des quatorze sites majeurs de mares temporaires en France.

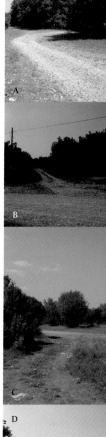

Balade 2

Une jolie balade au cœur des bois et garrigues du massif. Vous y croiserez sans doute sangliers et oiseaux.

Distance et temps
- 4,5 km
- 1 h 30

Dénivelé
- 30 m

Départ
- À Méjannes-le-Clap, à 30 km au nord d'Uzès par les D979 et D167. Suivre la D167 vers Le Clap, parking à environ 1 km sur la droite, au lac de Trépadone.

Attention !
- Jours de chasse.

Niveau de difficulté
- Facile

Balisage
- Poteaux directionnels et balisage jaune.

Parcours
- Depuis le lac de Trépadone,

Et le « lac » du Lombard.

suivre la direction « Danse des fées » puis « le Civadou ». À la patte d'oie (**A**) continuer sur la droite.
- Passer « mas de la Civadière », continuer vers « la Civade ». Arrivé à ce poteau ne pas suivre la piste de droite mais emprunter un tout petit sentier à droite qui s'engage en sous-bois (**B**). Bien suivre le balisage. Rejoindre un sentier plus large, le prendre à gauche.
- Retrouver une piste, la traverser : « bois de la Civadière ». Prendre à droite le sentier parallèle à la piste. Passer le « Bouscatier », puis « la chèvre de l'André ».
- Le sentier rejoint presque la piste, continuer toujours en parallèle. Un peu plus loin traverser la piste (**C**) pour retrouver en face un chemin (balisage).
- Au « lac du Lombard », le chemin bifurque vers la gauche. Au premier croisement (**D**) prendre à droite pour retrouver le départ (« lac de Trépadone »).

Pour compléter
- IGN n° 2940 OT.
- Carte du réseau du massif et des gorges de la Cèze.

LE PASTORALISME

REVENONS À NOS MOUTONS • Voilà bientôt 8 000 ans que le mouton se fait la dent sur nos garrigues. C'est sa présence en grand nombre dans les zones sèches méditerranéennes qui a contribué à façonner les milieux dits « ouverts ». Or, depuis l'arrivée dans les années soixante de viande ovine bon marché en provenance du Royaume-Uni, d'Australie et surtout de Nouvelle-Zélande, les revenus tirés de cette activité pastorale sont rapidement devenus insuffisants pour maintenir la présence bénéfique des troupeaux dans nos drailles et garrigues. Le chêne kermès et le chêne vert ont vite repris leurs droits sur ces territoires, colonisant les espaces abandonnés qui bientôt se referment. Cette fermeture est synonyme d'un appauvrissement de la biodiversité et d'une plus grande vulnérabilité de ces zones face aux incendies. C'est la raison pour laquelle la gestion pastorale a pris une place importante dans la préparation et la mise en œuvre

LE BRACHYPODE RAMEUX • Plus connu sous le nom d'« herbe à mouton », cette herbe vivace, graminée à tiges rampantes très ramifiées, forme des pelouses souvent riches en orchidées. Elle affectionne les milieux secs. Sa pollinisation assurée par le vent lui vaut d'étendre sa couverture jusque dans les moindres interstices des rochers. La réduction progressive des pâturages entraîne peu à peu sa disparition. Elle a constitué par le passé le pivot de l'économie pastorale du mouton et fut la compagne du chêne vert.

des contrats territoriaux d'exploitation, visant à aider cette activité agricole menacée. Au regard d'une économie de marché le pastoralisme n'offre guère de débouchés favorables, mais c'est son rôle écologique qui lui offre ce regain d'attention. Ainsi nous pouvons à nouveau voir brebis et moutons, comme à Méjannes-le-Clap, baguenauder en mâchonnant à loisir la « baouque », ou brachypode rameux, et le « bragalou », aphyllanthe de Montpellier.

LE GENÊT SCORPION • **Les stades qui succèdent à la garrigue ouverte – jadis entretenue par le pastoralisme – présentent un faciès très dense et impénétrable. L'un de leurs plus fiers représentants est le genêt scorpion armé de ses épines acérées, ennemi des moutons et des randonneurs. Au printemps ses buissons forment un tapis jaune vif très odorant. Cette plante « explosive » a pour particularité d'éclater lorsqu'un insecte visite sa fleur, recouvrant ce dernier de pollen, et de faire exploser ses gousses par forte chaleur en projetant ses graines sur plusieurs mètres. Cet arbrisseau conquérant recouvre ainsi rapidement de son matelas épineux les coteaux pierreux ravagés par le passage d'un incendie.**

LA FORÊT DE VALBONNE

LA CHARTREUSE DE VALBONNE •
Située au cœur d'un vallon
propice au calme et à la mystique,
la chartreuse de Valbonne déploie
son somptueux monastère aux
bâtiments recouverts de tuiles
vernissées. Fondée en 1203 par
Guilhem de Vénéjan, évêque
d'Uzès, et rebâtie au XVIIᵉ siècle
elle abrita des chartreux – moines
relevant de l'ordre de saint
Bruno –, jusqu'en 1901. Laissée
à l'abandon, elle fut rachetée en
1926 par le pasteur Philadelphe

Delord qui fonda l'Association de
secours aux victimes des maladies
tropicales rendant ainsi le bâti-
ment à sa vocation première, celle
d'une mission d'aide et de solida-
rité. En 1975, elle accueille un
centre de réinsertion et de ré-
adaptation par le travail. Classée
monument historique, elle est
aujourd'hui pluridisciplinaire,
à la fois lieu touristique avec la
visite du monument, de la forêt
et de son vignoble ; lieu d'accueil ;
lieu culturel et de travail.

Autour du vallon qui abrite la chartreuse, une balade au cœur de cette forêt aux essences mêlées.

Distance et temps
- 10 km
- 3 h

Dénivelé
- 180 m

Départ
- À la chartreuse de Valbonne, 10 km à l'ouest de Pont-Saint-Esprit par la D23. Parking près de la chartreuse.

Balisage
- Jaune

Niveau de difficulté
- Facile

Parcours
- Prendre la route qui monte légèrement à gauche de l'entrée de la chartreuse. Poursuivre sur environ 300 m et prendre à droite le chemin de la Croix-de-Sablé.
- Au carrefour de la stèle de la Croix-de-Sablé (**A**), bifurquer à droite.
- Environ 800 m plus loin quitter la piste pour un chemin sur la gauche (**B**), qui descend en pente douce sous les pins sylvestres. Rester sur le sentier principal (bien suivre le balisage).
- Rejoindre une petite route (**C**), l'emprunter sur la gauche.
- Plus loin bifurquer à droite sur une autre route (**D**). Continuer par une route forestière qui monte dans la garrigue à droite d'une vigne (bien suivre le balisage).
- Emprunter le chemin de Saint-Jean (**E**), montée régulière qui s'aplanit ensuite.
- Rejoindre la route (D23) et prendre à droite pour regagner le parking.

Pour compléter
- IGN n° 2940 OT.
- *Le Gard à pied*, sentier n° 29.

La forêt de Valbonne • Cette forêt domaniale couvre environ 1 400 hectares sur un dénivelé s'échelonnant entre 85 et 358 mètres. Son histoire, son sol et son climat font d'elle un espace singulier qui pendant longtemps intrigua naturalistes et forestiers. En effet, ses peuplements de hêtres sont inhabituels dans une zone où le climat méditerranéen leur est actuellement défavorable. Comme souvent lorsqu'une explication rationnelle échappe, certains crurent voir là le signe d'une intervention divine opérée par l'intercession des moines de la chartreuse. À noter que depuis le XIIIᵉ siècle cette dernière fut effectivement placée sous leur haute protection – lui épargnant notamment les dents avides des chèvres et des moutons –, et ce jusqu'en 1825 où elle devint propriété de l'État. C'est l'étude des pollens fossiles qui devait permettre de faire toute la lumière sur cette hêtraie. Valbonne, comme son homologue de la Sainte-Baume située en Provence, est une station relictuelle de la forêt ancienne originellement installée sous des conditions climatiques plus froides. Partie intégrante du réseau Natura 2000 – dont la création devrait contribuer en outre à la réalisation des objectifs de la convention sur la diversité biologique adoptée au « Sommet de la Terre » à Rio de Janeiro en juin 1992 et qui concerne l'ensemble du territoire de l'Union européenne –, la forêt fait l'objet d'une attention particulière portée sur son habitat. Ainsi pourra-t-on trouver en son cœur des essences aussi variées que le hêtre, l'érable, le houx et même l'if, présents dans de petites vallées abritées du mistral et suffisamment humides. Autant de raisons d'emprunter avec bonheur le sentier botanique qui la traverse, située entre garrigue et forêt méditerranéenne.

Mettre la garrigue en bouteille ! • C'est le défi que se sont lancé certains viticulteurs. En véritables alchimistes, ils sont entrés en intelligence avec la nature afin d'en capter les effluves et de les restituer. En introduisant de petites parcelles de vigne et en conservant des bouquets de garrigues autour, ils enrichissent les arômes du vignoble tout en mettant en valeur son originalité. La garrigue offre des sols poreux dans lesquels la vigne s'enfonce profondément. L'eau ne s'accumulant pas, son rationnement précoce joue sur le nombre de grappes et sur leur maturation. Dès le début du mois d'août, les grains cessent de grossir pour mûrir lentement, favorisant l'élaboration optimale des composés aromatiques et des tanins. Les soirs de grosse chaleur, les plantes vaporisent un halo de vapeur, composé de perles parfumées de ciste, de thym ou de résine de pin…, qui se dépose sur la pruine – pellicule cireuse présente à la surface des grains de raisins. C'est donc par la peau que les parfums pénètrent l'âme du vin avant d'enchanter notre palais.

LA FLORE ET SON ADAPTATION AU CLIMAT

• POUR LA FLORE MÉDITERRANÉENNE le problème crucial est celui de l'adaptation au manque d'eau. Si cette région côtière connaît peu de jours de gel, en revanche les étés y sont souvent très chauds et accompagnés de longues périodes de sécheresse – facteur limitant pour la végétation. L'adaptation va donc porter sur la capacité à limiter les pertes en eau par transpiration ou à mettre le précieux liquide en réserve. L'adaptation à l'environnement et au climat est le facteur commun à toutes les plantes méditerranéen-

Le sédum et sa réserve d'eau.

nes. Leur cycle est inversé par rapport à celui de la végétation du nord de la France. En effet durant les mois d'été, les plantes se mettent au repos et ne fleurissent pas, on parle alors d'estivage. Ce phénomène est très marqué dans le cas des plantes vivaces à bulbe ou à rhizome, comme les iris, qui ont terminé leur développement aérien quand arrive la saison sèche. En septembre et octobre, avec l'arrivée tant attendue des pluies, la végétation redémarre. L'hiver étant doux, elle continue à se développer pour fleurir dès les prémices du printemps, que l'on sait ici précoce.

Iris sauvage.

• Sɪ ᴇʟʟᴇs sᴀᴠᴇɴᴛ ᴛʀᴇ̀s ʙɪᴇɴ mettre leur pendule à l'heure du climat, les plantes savent aussi se vêtir en regard de leur milieu. L'aspect d'une plante n'est jamais indifférent à son environnement. Ainsi la couleur grise et argentée de certains feuillages est-elle un système de défense contre les rayons desséchants du soleil. De petits poils serrés à la surface des feuilles forment une protection contre la transpiration en protégeant du vent et de la chaleur les pores par où la plante respire. Les couleurs claires quant à elles ne sont pas la marque d'une frivolité quelconque mais un véritable choix de stratège effectué en vertu de la capacité de ces dernières à renvoyer la chaleur. La limitation des pertes en eau est résolue par la réduction de la surface des feuilles ; leur épaississement et le durcissement de leur cuticule qui va jusqu'à les rendre coriaces (olivier, chêne kermès, romarin…) ; leur transformation en épines

Le duvet protecteur du chêne blanc.

(ajonc, genêt scorpion), en écailles (thym) ; ou encore leur disparition dans le sol où elles passent l'été à l'état de tiges souterraines ou de racines. La mise en réserve d'eau est remarquable chez les plantes grasses ou charnues. Il n'est qu'à remarquer le nombre de barrières naturelles et de talus recouverts par les cactées et qui portent haut leurs griffes et fleurs éphémères. Comment, en observant la formidable capacité d'adaptation des plantes face à la rigueur du climat, ne pas parler d'intelligence végétale !

LES GORGES DE L'ARDÈCHE

AIGUÈZE • Le village d'Aiguèze occupe une position stratégique au sortir des gorges de l'Ardèche. Le site est occupé depuis des milliers d'années ainsi qu'en témoignent un menhir et des dolmens retrouvés sur les lieux. Les premières pierres furent posées en 750 et ont vu défiler nombre d'événements historiques marquants, inscrits parfois en lettres de sang, comme la célèbre bataille qui opposa Charles Martel aux Sarrasins et vit périr plus d'un millier d'Arabes. Place fortifiée par le comte de Toulouse dès l'an 1000, elle recèle de précieux monuments et un patrimoine architectural savamment entretenu – telle l'église dont les fresques viennent d'être rénovées. À l'ombre de ses ruelles vous pourrez également déguster un vin savoureux classé tout récemment Côtes du Rhône Villages. Les habitants soucieux de préserver leur patrimoine s'emploient à inscrire leur village dans une dynamique économique seule garante de leur avenir.

Les rochers de Castelviel et le retour en bordure de falaise vers le village d'Aiguèze ouvrent des vues imprenables sur les gorges de l'Ardèche.

Distance et temps
- 11 km
- 3 h 30

Dénivelé
- 190 m

Départ
- À Aiguèze, 10 km au nord-ouest de Pont-Saint-Esprit par les N86 et D901. Parking à l'entrée du village.

Attention !
- Éviter l'été.
- Falaises avant l'arrivée au village.

Niveau de difficulté
- Moyenne

Balisage
- Jaune

Parcours
- Traverser le village. À la sortie nord partir à gauche sur une route qui monte légèrement, passer devant un monument aux morts.
- Rester à droite. Plus loin prendre à droite un chemin qui se transforme en sentier (**A**) et tourner tout de suite à gauche.
- Rejoindre la fin d'une petite route, prendre à droite un chemin qui serpente dans la garrigue (bien suivre le balisage). À la citerne continuer tout droit.
- Un peu plus loin à l'intersection (**B**) prendre à gauche (panneau « le Garn »). À l'intersection en T partir à droite sur la large piste.
- Environ 300 m plus loin prendre à droite un chemin en sous-bois (**C**), rester à droite.
- Le chemin devient sentier escarpé (**D**). À l'épingle poursuivre tout droit pour atteindre les rochers de Castelviel.
- Repartir vers l'épingle et poursuivre le sentier qui descend un peu puis remonte. Rester toujours à gauche.
- Rejoindre la piste et remonter jusqu'au carrefour (en **B**), poursuivre tout droit vers Aiguèze.
- Suivre le chemin puis le sentier qui ramène à Aiguèze.

Pour compléter
- IGN n° 2939 OT.
- *Le Gard à pied*, sentier n° 24.

Variante
- Balade de 6 km en prenant à droite en **B**, mais sans profiter du point de vue de Castelviel.

LES GORGES DE L'ARDÈCHE • Situé au sud de la région Rhône-Alpes, entre la vallée du Rhône et le Massif central, le département de l'Ardèche offre deux visages très contrastés, au nord les Cévennes ardéchoises, au sud les gorges de l'Ardèche qui couvrent 1 575 hectares et font office de frontière naturelle avec le Gard. Leur creusement par la rivière a commencé il y a plusieurs millions d'années. Vers la fin de l'ère secondaire (- 65 millions d'années), la mer se retire et l'érosion qui devait donner naissance à ce dédale rocheux des plus spectaculaires débute. 32 kilomètres de gorges serpentent entre Saint-Martin-d'Ardèche et Vallon-Pont-d'Arc, bordés de part et d'autre par des falaises calcaires de 200 à 300 mètres de haut. La création du Syndicat intercommunal des gorges de l'Ardèche et de sa région (SIGARN), en 1996, a mis en avant la recherche d'un juste équilibre et d'une synergie entre aménagement du territoire, développement touristique, respect des activités humaines, du patrimoine et de l'environnement. Comme tout site débordant de richesses naturelles et de fait très convoité, les gorges de l'Ardèche sont devenues au fil du temps un lieu hautement vulnérable, à visiter avec respect et attention.

L'arbousier, « arbre aux fraises ».

L'ARBOUSIER • **Arbuste originaire d'Amérique, il résiste parfaitement à la sécheresse et s'accommode de tous les sols, y compris calcaires. Décoratif en toute saison, orné de feuilles persistantes et coriaces d'un vert sombre et brillant, il resplendit à l'automne, saison de maturation de ses fruits rouges ou orange et de l'épanouissement de ses fleurs blanches, qui rappellent celles de la bruyère. Tandis que son écorce est utilisée pour le tannage des peaux, ses fruits – les arbouses, qui lui valent le nom d'« arbre aux fraises » –, donnent d'excellentes confitures, vins et liqueurs. C'est un diurétique efficace, un antiseptique urinaire et il est de plus réputé favoriser la circulation sanguine.**

L'ÉVOLUTION DES SOLS

• L'HISTOIRE DE LA VÉGÉTATION méditerranéenne est une succession de phases de dégradation et de reconstitution du couvert forestier. Dans un passé lointain, avant d'être rasée au gré des occupations humaines, la forêt recouvrait les actuelles garrigues. Lorsqu'il était encore chasseur-cueilleur, l'homme ne laissait que peu d'empreintes vivaces derrière lui. La sédentarisation conjuguée à l'explosion démographique, elle-même associée à une économie toujours plus productive visant à accroître les échanges commerciaux, a eu raison du manteau forestier. La disparition du couvert végétal a entraîné la destruction de la couche supérieure du sol riche en humus.

C'est ainsi que sont apparues par taches des zones plus claires, comme autant de blessures sur la roche mère. Devenues trop pauvres, ces zones désertées ont vu naître très progressivement un nouveau stade de végétation, dit « transitoire », sous la forme de lichens et de mousses, favorisant l'apparition de petits buissons ligneux qui, lorsqu'ils se rejoignent, donnent naissance à ce que les botanistes nomment « la garrigue ». Aujourd'hui, afin de préserver la diversité des espèces animales et végétales apparues au fil de ces différents stades de dégradation de la forêt primaire, on songe à leur entretien sous la forme d'une mosaïque les réunissant dans un même espace.

De gauche à droite : bois, garrigue, pelouse, roche mise à nu.

LES ORCHIDÉES OU OPHRYS

Ophrys jaune.

Ophrys bécasse.

• ON DÉNOMBRE plus de 130 espèces d'orchidées en Europe, dont 35 en France et la plupart dans le Midi méditerranéen dont elles apprécient l'intense lumière. Leur nom dérivé du latin *orchis*, *orchidis*, lui-même emprunté au grec *orkhis*, qui, employé surtout au pluriel, signifie « testicules » a désigné la plante à cause de la forme de sa racine. Pour assurer leur fécondation elles ont développé un labelle – pétale supérieur de la corolle – imitant le corps d'un insecte pollinisateur spécifique à leur espèce afin d'abuser le mâle et de l'entraîner dans une fausse copulation. Les plus curieuses et les plus fascinantes tant par leur aspect que par leur mode de reproduction sont souvent les plus minuscules. L'ophrys jaune – facilement reconnaissable à la large bordure jaune vif de son labelle invitant les grandes abeilles au ballet amoureux –, est la plus commune des garrigues languedociennes. Elle porte une à six fleurs et couvre les pelouses sèches.

10   Le camp de César

• L'agglomération protohistorique et romaine dite « camp de César » surplombe au nord le village actuel de Laudun-l'Ardoise, en bordure orientale du vaste plateau de Lacau. Étendue sur 18 hectares, elle occupe une position stratégique, dominant la vallée du Rhône, axe de communication déjà privilégié des sociétés antiques du sud de la Gaule. Depuis 1990, le site fait l'objet de fouilles régulières éclairant l'histoire des sociétés antiques de l'arrière-pays languedocien. Les témoignages archéologiques les plus anciens actuellement attestés datent du Vᵉ siècle avant J.-C. – donnée chronologique commune à la plupart des sites

de hauteur de la région. Les découvertes ont mis au jour un système défensif développé ainsi que les traces d'une agglomération. Si un vide archéologique subsiste concernant la période qui court du IVᵉ au IIᵉ siècle avant J.-C., de nombreux témoignages de l'Antiquité tardive ont été retrouvés, indiquant une occupation intense de l'oppidum pendant tout le Bas-Empire romain et peut-être au début du haut Moyen Âge. Ce site d'exception n'a pas dit son dernier mot et fait aujourd'hui l'objet de mesures de la résistivité des sols – technique permettant de réaliser des profils susceptibles de donner une vision en élévation des éventuels vestiges enfouis.

D'abord à flanc de coteaux sous les pins, puis sur le plateau duquel la vue s'étend au loin, la balade permet de visiter les vestiges antiques.

Distance et temps

- 3 km
- 1 h 15

Dénivelé

- 70 m

Départ

- À Laudun, 11 km au sud-est de Bagnols-sur-Cèze par les N86 et D9. Suivre l'indication « camp de César » jusqu'au parking en fin de route.

Attention !

- Jours de mistral et de chasse.
- Passage du Loup très étroit.

Niveau de difficulté

- Difficile

Balisage

- Jaune

Parcours

- Emprunter, à droite de l'arrivée de la route, une petite route qui descend et devient un chemin. Poursuivre sur environ 1 km en restant sur le chemin du haut.

- Contourner par la gauche une vigne (A). Un sentier entre en sous-bois, rester à gauche puis emprunter une sente qui monte raide sur la gauche.
- Le passage du Loup, passe très étroite entre deux rochers, donne sur le plateau, prendre à gauche.
- Longer les falaises (B) jusqu'à ce que le chemin tourne à droite (genévrier taillé) et rejoigne le camp de César. Traverser les ruines.
- Trouver, en contrebas des ruines à droite au fond de « l'esplanade », le sentier (C) qui continue de longer les falaises.
- Au genévrier taillé (D) plonger sur la droite, un sentier abrupt rejoint assez vite le départ.

Pour compléter

- IGN n° 2940 OT.
- *Le Gard à pied*, sentier n° 30.

LA CAPELLE-ET-MASMOLÈNE

L'ÉTANG DE LA CAPELLE • Situés à 282 mètres d'altitude – à trois lieues d'Uzès, de Bagnols et de Remoulins –, les deux bourgs de La Capelle-et-Masmolène, distants de 800 mètres, abritent l'étang de La Capelle. Visités au printemps et à l'automne par de nombreux oiseaux migrateurs – dont certaines espèces sont menacées de disparition à l'échelle européenne –, ces

La roselière de l'étang de La Capelle.

42 hectares au bord desquels paissent chevaux et jeunes taureaux représentent un des fleurons naturalistes du Gard. Cet impluvium – dépression dans le sol recouverte d'argile imperméable alimentée par les eaux de pluie – provient vraisemblablement d'un effondrement géologique provoqué par les failles dues à la poussée des Alpes. Au tout début du XIXe siècle les Bénédictins vinrent gagner en terres cultivables sur les bourbiers insalubres des marécages propices aux fièvres. Lorsque la vie battait encore la campagne, l'étang fournissait en eau pour le bétail ainsi qu'en nourriture, avec ses tendres pousses de roseau. On y pêchait la carpe à mains nues. Aujourd'hui, l'extraordinaire richesse faunistique et floristique de ce site lui confère un intérêt majeur en matière de conservation de la nature.

Une balade entre La Capelle et Masmolène : entre cultures et bois.

Distance et temps

- 4 km
- 1 h 30

Dénivelé

- 60 m

Départ

- À La Capelle-et-Masmolène, 13 km à l'ouest d'Uzès par les D982 et D219. Parking place de Verdun (à La Capelle).

Niveau de difficulté

- Moyenne

Balisage

- Jaune

Parcours

- Depuis la place (A) suivre la route de Masmolène puis prendre tout de suite à gauche sur une petite route. La route se transforme en chemin, on entre dans un bois (B).
- Rejoindre un autre chemin (C), prendre à droite et à nouveau à droite un peu plus loin. Continuer tout droit en longeant les vignes.
- Un sentier en sous-bois retrouve un chemin qui sort du bois. Rejoindre la route, la suivre sur la droite, longer un cimetière. Au carrefour en T, prendre à droite vers le village (on quitte ici le balisage).
- Au croisement avec la D279 prendre tout droit la rue de la Font Nouvelle. En haut tourner à gauche vers l'église et emprunter la montée Tour d'Abélard.
- Juste avant le sommet de la route, trouver sur la droite le balisage jaune qui part dans les rochers (D). Passer près des vestiges des cabanes.
- Bien suivre le balisage, le sentier serpente puis rejoint le sous-bois. Contourner par la gauche les blocs rocheux en descendant et prendre à gauche (E).
- Rejoindre le haut du village, place de l'Évêque d'Uzès. Descendre jusqu'au départ en longeant le château.

Pour compléter

- IGN n° 2941 est.
- *Le Gard à pied*, sentier n° 36.

Les cabanes fontbuxiennes ont été mises en valeur par l'association Archéa. Un livret est disponible à l'office de tourisme d'Uzès et à la mairie du Pin (quelques kilomètres au nord de La Capelle-et-Masmolène).

LA CIVILISATION DE FONTBOUISSE • Difficile de creuser un trou dans la région sans mettre le doigt sur de l'histoire ancienne. On dirait que le sol en est truffé ! C'est ainsi que, lors d'un projet d'exploitation d'une carrière de grès, ont été retrouvés près de La Capelle-et-Masmolène des vestiges de cabanes fontbuxiennes. Il a donc fallu troquer de gros engins contre de petites cuillères afin de faire parler l'une des six grandes périodes dans l'histoire de la tradition constructive en pierre sèche, telle qu'elle s'est manifestée dans le Languedoc oriental : la grande période de la civilisation de Fontbouisse (- 200-1800 avant J.-C.). Une fois sédentarisées les populations pastorales, qui à ce moment-là connaissent un véritable bond démographique, se sont attachées à la construction d'une part de leurs habitations d'autre part de clôtures – dont on ne sait encore si elles servaient de fortification ou de parquement au bétail. En effet, les caractéristiques de la maçonnerie à sec telle qu'elle était pratiquée par les Fontbuxiens restent encore mal définies. Les nombreux sites mis au jour entre le Gard et l'Hérault n'ont pas fini de livrer leurs secrets.

La garrigue sait aussi faire naître le bonsaï.

LE FIGUIER • **Grâce à l'entremise des oiseaux qui transportent ses graines un peu partout le figuier s'est taillé une vraie place au soleil. Résistant aussi bien aux très basses températures qu'aux très hautes, il offre des possibilités d'adaptation fort intéressantes. Il en existe trois groupes : ceux qui portent des fleurs mâles, ceux qui portent des fleurs femelles et les derniers qui sont androgynes. La fleur du figuier cultive la discrétion aussi ne la verrez-vous jamais car cette plante astucieuse développe ses fleurs à l'intérieur de son jeune fruit.**

L'OLIVIER & L'HUILE D'OLIVE •
L'histoire de l'olivier se perd dans
la nuit des temps. Apparu sous
la forme sauvage il y a plus de
14 000 ans, il a depuis toujours
accompagné la vie des populations du bassin méditerranéen.

Facile d'entretien, cet arbre multiséculaire fournit nourriture, éclai-
rage, soins du corps… autant de
produits à forte valeur ajoutée en
accord total avec cet emblème de
fécondité, symbole de paix et de
gloire depuis l'Antiquité grecque
et romaine. Selon leur utilisation
les fruits sont récoltés à deux
moments distincts. Fin septembre
pour les olives vertes ; fin décembre pour les olives noires, c'est-à-
dire mûres. On peut les tremper
dans un bain de soude afin d'en
ôter l'amertume et les conserver
après rinçage dans une saumure.
Ou bien, on peut extraire par
pression à froid l'huile contenue
dans les fruits – 7 kg d'olives
noires pressées rapportent 1 litre
d'huile. Dans la région, il existe
encore quelques moulins prati-
quant les méthodes artisanales
et traditionnelles. Moyennant un
droit de pressage, vous pouvez
y porter votre récolte. Pour en
savoir plus sur cette culture
ancestrale, ne ratez pas chaque
année au printemps *Les Journées
méditerranéennes de l'olivier,* à
Nîmes.

LES VENTS

LE RELIEF ET LES VENTS • Les vents ont ceci de mystérieux qu'ils paraissent invisibles à nos yeux. Pour bien comprendre ce qui les caractérise, il faut apprendre à lire les reliefs qui définissent la force et l'orientation des masses d'air. Il faudrait pouvoir se représenter les courants d'air comme des courants d'eau. Ainsi n'est-il pas nécessaire que les reliefs soient très marqués pour accentuer la force du vent, quant à l'étroitesse des couloirs elle est primordiale. Dans leur parcours labyrinthique au cœur des garrigues gardoises, les vents épargnent parfois certains îlots prospères bien orientés.

Dans la garrigue de Lussan.

MARIN & SIROCCO • Les vents du sud – marin et sirocco – poussent les nuages vers le nord lesquels, se heurtant sur les avant-monts de l'intérieur, se déversent en pluie sur les reliefs, épargnant la zone plus littorale. Le marin est un vent du sud-est, chaud et humide créant une atmosphère printanière et qui souffle de la Méditerranée vers le Languedoc et les Cévennes. Le sirocco est un vent chaud venu en droite ligne du Sahara. Lorsqu'il se lève, son souffle chargé de poussières étend une couverture jaunâtre sur les cieux. Quand il s'abat sur la garrigue de Lussan, il peut déclencher des pluies torrentielles sur le mont Bouquet.

MISTRAL & TRAMONTANE • Le mistral est un vent sec et violent lié à la présence d'une dépression sur le golfe de Gênes. Il descend plein nord par le prodigieux couloir d'accélération rectiligne de la vallée du Rhône. Il est la plupart du temps associé à un temps clair, lumineux et bien ensoleillé. Le « mistral noir », accompagné de nuages, est quant à lui plus rare. Ce vent produit des effets diaboliques sur les individus. Lorsqu'il souffle en rafales pendant trois à six jours consécutifs, les esprits s'échauffent. En patois provençal son nom désigne le « maître ». La végétation – rideaux d'arbres inclinés et barrières de cyprès – porte haut les marques de sa présence. La tramontane, vent dominant, sec, froid et violent, souffle du nord-ouest en passant entre les Pyrénées et le sud du Massif central. Sœur du mistral, elle le précède de quelques heures dans sa course et s'arrête souvent avant lui.

Le massif et les gorges du Gardon

• À SEULEMENT DIX KILOMÈTRES au nord de Nîmes, le Gardon fait son lit au cœur d'un plateau de garrigue dans des gorges calcaires

profondes, zébrées de coulées ocre et grises où nichent plusieurs centaines d'espèces d'oiseaux. Le dessin des rives bordées de peupliers blancs, et habitées entre autres par le castor d'Europe, change au gré des crues – compte tenu des conjonctures climatiques certains épisodes exceptionnels reviennent tous les 50 à 70 ans. L'abondance de milieux très typés permet à une flore remarquable de s'y développer. À deux pas de la ville, la nature recèle encore quelques précieux trésors en rééquilibrage constant du fait de cette situation géographique particulière.

SANILHAC ET SAGRIÈS • **Entre Nîmes et Uzès, se trouvent Sanilhac et Sagriès, deux villages, distants de trois kilomètres l'un de l'autre, que les aléas de l'histoire ont associés puis fusionnés en une seule et même commune, par ordonnance du Roi, le 5 avril 1814. Sanilhac, situé sur un plateau entre la vallée de Valsegane et celle du Rial, a été construit en 1156 autour d'un château dont ne demeure à ce jour que la dernière tour de défense, dite « la Tourasse ». En contrebas, près de la rivière des Seynes, vous trouverez sa « moitié », Sagriès, et son église avec sa façade du XIXe siècle.**

Une agréable descente vers le Gardon et une remontée plus ardue.

Distance et temps
- 6 km
- 2 h

Dénivelé
- 140 m

Départ
- À Sanilhac, à 20 km au nord de Nîmes par les D979 et D112. Parking place de l'église.

Attention !
- Après de fortes pluies.

Niveau de difficulté
- Difficile

Balisage
- Poteaux directionnels et balisage jaune (et rouge par endroits).

Ancien moulin de la Baume.

Parcours
- Depuis Sanilhac, suivre le panneau indiquant « la Coufine », passer une barrière et continuer sur la piste principale.
- Au carrefour de la Coufine prendre à droite vers la Baume, rester sur le sentier principal, qui descend vers le Gardon.
- Rejoindre les berges du Gardon (**A**) et longer la rive sur les rochers en passant sous l'ermitage et la grotte (la Baume) accrochés à la falaise (accès interdits).
- Longer la falaise à gauche sur les rochers qui remontent (**B**). Retrouver, toujours à gauche, un sentier qui monte raide (bien suivre le balisage).
- Aux rochers (**C**) prendre à droite et retrouver un bon sentier, le suivre jusqu'à retrouver la piste (**D**). Poursuivre à gauche vers la Coufine, puis emprunter le même chemin qu'à l'aller.

Pour compléter
- IGN n° 2941 ouest.
- Carte du réseau du massif et des gorges du Gardon.

LES FOURS À CHAUX • Avant l'avènement des transports, une grande partie des besoins matériels étaient produits au niveau local, chaque région mettant en avant son savoir-faire. On trouvait en Languedoc-Roussillon quantité de carrières, tuileries, briqueteries, chaudronneries, poteries et fours à chaux disséminés sur l'ensemble du territoire. Ces derniers tenaient une place centrale dans les communautés rurales. En effet la chaux – oxyde de calcium (CaO) obtenu par calcination des pierres à chaux ou pierres à plâtre –, était utilisée à la fois pour chauler les terres, les rendre poreuses et fertiles, pour le chaulage des raisins et des arbres que l'on débarrassait des insectes, ou le chamoisage des peaux… Les fours les plus anciens ont la forme d'une cruche que l'on remplit en matière première par le « gueulard » – ouverture supérieure de cette construction en briques. Une autre plus petite située au bas du four permet l'accès au foyer. Généralement érigés près d'un gisement calcaire, les fours à chaux sont liés à un passé géologique.

FRÉQUENTATION ET PRÉSERVATION •
Quel dilemme pour un amoureux
de la nature que de devoir faire
d'elle un « musée » afin de la
protéger. Les gorges du Gardon
situées aux portes de Nîmes et
d'Uzès attirent chaque année de
plus en plus de visiteurs. Si elles
sont à même de supporter le flot
tumultueux des eaux, jusqu'où
seront-elles capables de tolérer la
marée humaine qui les envahit !
– les visites de proximité augmen-
tent du fait de l'étendue croissante
des zones périurbaines. Loin de
vouloir garder le privilège de leur
découverte à quelques-uns, il est
essentiel de tenir compte de la
poussée démographique, qui si
elle n'était canalisée détruirait
tout sur son passage. La faune et
la flore sont vulnérables au déran-
gement donc à l'accroissement du
nombre de visiteurs. Il est devenu
indispensable d'éduquer et de
canaliser la population venue là
pour « consommer » du dépayse-
ment et du repos. Prendre cons-
cience que les paysages ne sont
pas uniquement des lieux
de plaisir et de détente mais
avant tout des milieux vivants.

LE PONT DU GARD • « Un aqueduc, ça fait Romain ! » dira Astérix. Le pont du Gard symbolise à lui seul le génie technique d'une civilisation. Si on ne dénombre pas moins de onze aqueducs dans le sud de la France, celui-ci reste le plus haut pont-aqueduc connu du monde romain. Sa construction, démarrée au milieu du premier siècle avant notre ère, aura duré 15 ans. Presque entièrement bâti en calcaire coquillier, extrait des carrières voisines et facile à tailler, il part de la fontaine d'Eure, à Uzès, courant sur plus de 50 km jusqu'à Nîmes. Plus qu'un simple outil de transport de l'eau, cette construction remarquable de part les moyens techniques et financiers mis en œuvre fut un objet de prestige utilisé pour asseoir la civilisation romaine, avant tout de type esclavagiste. La force de travail d'esclaves-artisans allait devoir supporter à elle seule le symbole de la puissance civilisatrice de Rome : « La philosophie de l'eau comme instrument de pouvoir ! »

MÉMOIRES DE GARRIGUE • **Ce sentier de 1,4 km, parcours muséographique en plein air installé à proximité du pont du Gard, vous plongera dans l'histoire du paysage de ces garrigues. Le site et les environs du pont du Gard sont exceptionnels tant par leur paysage que par les vestiges que l'on y rencontre, au fil des divers sentiers.**

Où l'on admirera, au long du sentier, les vestiges de l'aqueduc.

Distance et temps
- 8 km
- 2 h 30

Dénivelé
- 35 m

Départ
- À Vers-Pont-du-Gard, 28 km au nord-est de Nîmes par les N86, D981 et D112. Parking place de la fontaine.

Attention !
- Très grande prudence lors des traversées de la départementale.
- Eviter l'hiver et les jours de fort mistral.
- Respecter les vestiges.

Niveau de difficulté
- Facile

Balisage
- Poteaux directionnels et balisage jaune.

Parcours
- Depuis la place partir vers Castillon et prendre à droite la rue de la Rochelle (**A**), suivre le balisage et emprunter la rue du Lavoir qui descend sur la D227, prendre à gauche.
- Un peu plus loin prendre le sentier à gauche après le lavoir (**B**). Longer les vestiges. Le chemin rejoint une piste, tourner à droite et rejoindre la D227. Traverser le passage à niveau, suivre la route pour aller traverser la D981.
- Trouver en face le chemin et prendre à gauche au petit rond-point. Continuer de longer les vestiges. Au panneau « Valive » (**C**) prendre la route vers le pont du Gard.
- Au pont du Gard retrouver, depuis le panorama de l'aqueduc, le sentier balisé. Bien suivre le balisage qui ramène au panneau « Valive ».
- Prendre la route sur la gauche. Poursuivre jusqu'à « Saint-Pierre » puis « les Bégudes ».
- Suivre « Vers-pont-du-Gard », attention à la traversée de la D981. Trouver en face un chemin, à gauche du mas, au bout du chemin prendre à droite puis à gauche pour franchir la voie ferrée. Rejoindre le départ.

Pour compléter
- IGN n° 2941 est.
- Carte du réseau du massif et des gorges du Gardon.
- *Le Gard à pied*, sentier n° 41.

LA CALADE • La nature du sol reflète l'âme d'un pays. Ainsi la pierre est-elle présente dans tous les paysages du monde méditerranéen. Son utilisation a donné naissance à de nombreuses techniques artisanales traditionnelles, dont la calade : art de choisir et d'assembler les pierres pour habiller ruelles, places et jardins. La pierre brute locale est posée debout, de chant. Suite aux graves inondations de septembre 2002, les escaliers et le chemin d'accès à la chapelle Notre-Dame-de-Laval, située dans le site classé des gorges du Gardon, ont été restaurés dans les plus grandes règles de l'art, grâce à la volonté farouche de solides défenseurs du patrimoine.

LA CLÉMATITE BRÛLANTE • **Cette clématite, *clematis flammula*, est une liane méridionale qui recouvre haies, buissons et vieux murs. Elle s'agrippe autour des supports grâce à ses feuilles qui lui servent de griffes. Ses fleurs odorantes, qui couvrent toute la plante durant près de six semaines à partir du mois d'août, déploient quatre ou cinq pétales velus sur le dessous et dégagent un subtil parfum d'amande. Toute la plante a une saveur brûlante. D'une beauté fragile, il faudra la protéger des hivers rigoureux et la planter le pied à l'ombre, la tête sous les rayons dardants du soleil.**

Un parcours qui longe le Gardon puis remonte un ruisseau jusqu'à l'ermitage et sa calade avant de revenir vers Collias.

Distance et temps
- 6 km
- 1 h 50

Dénivelé
- 150 m

Départ
- À Collias, 24 km au nord-est de Nîmes par les D979 et D112. Parking du foyer socio-culturel, à 200 m du pont côté village.

Attention !
- Jours de fort mistral et jours de chasse.
- Gués.

Niveau de difficulté
- Facile

Balisage
- Poteaux directionnels et balisage jaune.

Parcours
- Depuis Collias, suivre de lieu en lieu les directions suivantes :
  - le grand devois,
  - Cantadu,
  - l'ermitage,
  - le grand serre,
  - Cantadu,
  - Collias.

La chapelle Notre-Dame-de-Laval.

Pour compléter
- IGN n° 2941 ouest.
- Carte du réseau du massif et des gorges du Gardon.
- *Le Gard à pied*, sentier n° 40.

LE FEU, BÉNÉFIQUE OU DIABOLIQUE ?

• TOUT COMME LE MAQUIS, la garrigue est une formation végétale qui provient de la dégradation de la forêt méditerranéenne. À l'époque néolithique, les hommes ont pris possession de ces terres afin d'y installer cultures et troupeaux. Le feu fut leur plus sûr allié dans cette conquête. Si les bergers ont continué à l'utiliser afin de dégager de nouveaux pâturages des broussailles et d'ouvrir de nouveaux espaces à l'ensoleillement, la multiplication des incendies d'origine criminelle ou accidentelle menace aujourd'hui ces espaces naturels.

Dans la garrigue, les conditions météorologiques (vents forts), les caractéristiques de la végétation (teneur en essences volatiles pyrophiles ou en résines) et la topographie du site sont des facteurs accroissant du risque d'incendie. Conjuguées avec une mauvaise gestion des activités humaines (imprudence, malveillance…) et une mauvaise occupation des sols (déclin des activités agricoles et urbanisation à tout-va), elles transforment le feu en ennemi redoutable, causant la perte chaque été de plusieurs centaines d'hectares.

LE CHÊNE KERMÈS • **Ce petit arbuste très piquant ressemble à du houx. Lorsqu'il est assez, âgé il porte des glands « comme ces nains qui ont une tête d'homme », écrivait Pagnol. Il doit son nom à une cochenille – la kermès vermillon – autrefois récoltée pour la fabrication d'un colorant rouge. Curiosité botanique, il enterre son tronc qui serpente en sous-sol, ce qui lui vaut le surnom d'« iceberg de la garrigue » et lui permet de jouer un rôle essentiel contre l'érosion des sols mais également de repartir de sa souche après incendie.**

Garrigue dévastée par l'incendie.

Capsules séchées d'un asphodèle.

L'ASPHODÈLE • **Les hampes nues et fleuries d'étoiles de l'asphodèle ornent les garrigues surpâturées ou incendiées. En effet ses racines tubéreuses, riches en amidon et par ailleurs considérées comme comestibles, lui permettent de survivre après le passage du feu. Ses fruits en forme de capsules rondes, vertes ou brun orange, lui valent le surnom de « porte-cerise ». Ses jeunes pousses se consomment comme des asperges, ses graines sont employées comme condiment oléagineux, quant à la pulpe de ses racines elle servait de colle pour la reliure et la cordonnerie.**

LE VALLON DES PONTILS

Cette balade et les deux suivantes se situent dans des zones très riches en traces de l'occupation de la garrigue par l'homme, aussi aborderons-nous, au fil des pages, les divers aspects de l'installation en garrigue et de l'utilisation de la pierre.

UN MONDE MINÉRAL • À force de courber l'échine sur le sol pour l'épierrer et le rendre cultivable, on a bien fini par croire qu'ici c'était les pierres qui poussaient. Elles sont partout, dessus dessous… dressant alentour un univers ô combien minéral. Si l'on parle des garrigues gardoises et non simplement de la garrigue, c'est qu'à cette multitude de pierres répond une grande variété

géologique. Il existe en effet un fort contraste entre les massifs calcaires ou gréseux très durs et les dépressions marneuses ou sableuses plus tendres qui, elles, résultent de l'accumulation des diverses couches sédimentaires déposées par la mer – fut un temps où celle-ci couvrait tout le département. Pourquoi cette présence si forte des pierres dans le paysage ? Elles sont la marque de la partie supérieure du socle rocheux qui sous les climats glaciaires du quaternaire, s'est clivé en strates, en dalles, en plaques ou encore en blocs arrondis. Friables, gélives et peu résistantes, ces pierres marquent la véritable nature des sols pauvres et sont la signature du bâti caractéristique de chaque terroir.

On suit la côte de Malaigue, parsemée de murets et capitelles puis on traverse le vallon et on remonte en garrigue pour rejoindre le village.

Distance et temps

- 14,5 km
- 5 h

Dénivelé

- 100 m

Départ

- À Blauzac, 18 km au nord de Nîmes par les D979 et D736. Parking place du 8 mai.

Attention !

- Jours de chasse.

Niveau de difficulté

- Moyenne

Balisage

- Jaune

Parcours

- Prendre la rue de l'Hôtel-de-Ville. Au bout aller à gauche, suivre le chemin des capitelles puis prendre à droite.
- Avant que la route amorce une montée, un panneau indique sur la gauche le sentier du vallon des Pontils (**A**).
- Vue vers Blauzac (**B**).
- Sentier de la côte de Malaigue (**C**). Rejoindre une bonne piste puis monter à gauche et tourner à droite à la citerne.
- Prendre à droite un sentier qui descend dans une garrigue haute. On quitte la côte de Malaigue.
- Au croisement en T partir à gauche, puis prendre à droite. [Ici on peut continuer tout droit pour voir le pont romain (**D**) puis revenir sur ses pas.] Un peu plus loin couper la D979. Suivre à gauche la route qui mène à Sagriès, 100 m avant le cimetière partir à gauche.
- Après le lavoir continuer sans entrer dans le village, retrouver la route, la suivre à gauche puis prendre à droite un chemin qui monte.
- Le chemin débouche sur un autre chemin de terre, monter à droite. Dépasser la citerne DFCI, puis prendre à droite une descente qui ramène dans le vallon.
- Couper la D979 et prendre à gauche le chemin qui traverse des cultures. Prendre à droite sur la route, après le pont s'engager à gauche sur un chemin qui monte à Blauzac.

Pour compléter

- IGN n° 2941 ouest.
- *Le Gard à pied*, sentier n° 38.

À FLEUR DE TERRE • Partout des formes plus ou moins géométriques témoignent d'une intense activité humaine. Il faut dire qu'ici, le lait de la terre ne se donne pas facilement. Pressés par un essor démographique important, au cours des XVIIIᵉ et XIXᵉ siècles, paysans et éleveurs ont commencé à regarder d'un autre œil les terres arides et marginales, encombrées de pierrailles certes, mais cependant synonymes d'espace. Afin de constituer l'*ager* – la terre à blé –, ils ont entrepris un défrichement intense, ainsi qu'un aménagement des coteaux en terrasses, où faire pousser pieds de vignes, oliviers et arbres fruitiers. C'est ainsi qu'aux abords des cultures le rebut de la terre a peu à peu donné naissance à tout un labyrinthe, formant parfois de véritables forteresses : les *clapas*.

Les garrigues gardoises, domaine minéral par essence, sont devenues le symbole d'une civilisation de la pierre sèche. Assemblage sans aucun ciment ni mortier, d'où l'appellation de « pierre essuyte », la construction en pierre sèche est un immense puzzle construit au nez et à la barbe du vent. Ces « mauvaises pierres » tantôt ajustées en assises régulières, sans joints verticaux alignés – ou « coup de sabre » –, tantôt rangées en « épis » sur le faîte d'un mur pour en assurer la stabilité, sont l'expression d'un art difficile où se mêlent à l'expérience à la fois des notions de physique, de géologie et de technologie.

Clapas près de Saint-Étienne-d'Escattes.

LE PISTACHIER TÉRÉBINTHE • **Le pistachier térébinthe est un arbuste sauvage de France méditerranéenne, aux grosses grappes de fleurs pourpres. Porteur de petits fruits rouges brunissant à maturité, comestibles mais au goût plus acidulé que les pistaches, il sert souvent de porte-greffe au vrai pistachier (*pistacia vera*). On le distingue par sa forte odeur de résine, laquelle une fois distillée participe à la fabrication de l'essence de térébenthine utilisée pour délayer les vernis ou mélanger les couleurs. Son bois dur est recherché pour le chauffage ou la marqueterie.**

AUX ABRIS ! • Lorsque l'on dispose de matière première, en veux-tu en voilà, et qu'en plus de cela on est un bâtisseur dans l'âme, rien de plus tentant que de changer un tas de pierre en abri. S'abriter, c'est dans un premier temps se mettre hors de portée de l'autre,

Capitelle à Marguerittes.

qu'il s'agisse du vent, des troupeaux dévoreurs de cultures ou d'un voisin par trop pressant. C'est, dans un deuxième temps, mettre un toit dessus sa tête pour se protéger de la pluie et du soleil, afin de s'enraciner un peu plus dans cette terre nourricière. C'est donc tout naturellement que les *clapas* ont bientôt donné naissance à de petites constructions d'apparence sommaire mais pour lesquelles, comme souvent, l'homme allait chercher à exercer son imagination en multipliant les formes et les volumes. À l'origine, les capitelles simples, incorporées dans les *clapas*, sont des cocons de pierre permettant de recevoir un homme assis.

14   LA COMBE DES BOURGUIGNONS

LE NOM « CAPITELLE » • Dans notre région le mot « cabane » servait à désigner la cabane de pierre sèche. L'origine de ce mot, attestée depuis le VIIe siècle est toutefois assez obscure. Très vivant dans le Midi depuis le Moyen Âge, le sens de ce terme s'est spécialisé pour désigner ce qu'à Nîmes nous appelons les « capitelles ». La richesse du langage apporte son lot de nuances dans les appellations locales. Ainsi ce nom commun dans les garrigues gardoises, devient-il *tine* autour de Nîmes, *oustalet* ou *baracou* sur les Causses de Blandas et Campestre-et-Luc – près du cirque de Navacelles –, *cabane* dans le Sommiérois et *hutte* à Fons-outre-Gardon…

LE PIN D'ALEP • **Il doit son nom à une ville de Syrie où il fut identifié pour la première fois. On le trouve dans tout le cirque méditerranéen. Arbre anémophile – ami du vent –, son histoire est liée de façon inextricable aux divers courants de l'air qui tantôt le fragilisent en le livrant aux incendies, tantôt favorisent indirectement l'espèce en épandant des milliers de graines éclatées par une onde de chaleur. Il est reconnaissable à son tronc le plus souvent tortueux et grisâtre, à ses aiguilles courtes et ses petites « pommes » pointues. Bon producteur de résine, il a été exploité à cet effet.**

Un site qui donne à lire les lignes de force des garrigues d'autrefois.

Distance et temps
- 2 km
- 1 h 30

Dénivelé
- 50 m

Départ
- À Marguerittes, à l'est de Nîmes. Prendre la D135 au rond-point, direction Poulx. Passer l'autoroute et prendre à gauche puis à droite 400 m plus loin. Prendre la première à gauche. À la fontaine prendre à droite, 250 m plus loin on trouve un parking sur la gauche (A).

Niveau de difficulté
- Facile

Balisage
- Panneaux explicatifs et balisage jaune.

Parcours
- Descendre la petite route qui mène à la maison, continuer tout droit. Longer le béal (canal d'irrigation) puis prendre l'escalier sur la droite et continuer en montant les terrasses successives (B).

- Rejoindre une piste, prendre tout de suite à gauche (C) à travers l'oliveraie (conservatoire variétal). En sortir sur la droite, entre deux murets (D).

- Suivre le sentier jusqu'au mazet que l'on trouve sur la droite. Prendre à gauche le sentier face au mazet.

- Passer devant une capitelle, descendre à droite en longeant le muret. Traverser une capitelle sans toit et continuer le sentier qui bifurque sur la gauche.

- Passer deux capitelles, continuer tout droit jusqu'à la pierre levée (E) puis rejoindre à gauche le béal.

- Revenir à la maison, traverser le pré. Au fond à gauche, rejoindre des terrasses par quelques marches (F), monter jusqu'à rejoindre la route, juste en dessous du parking.

Pour compléter
- IGN n° 2842 ouest.

Une technique aboutie • On pourrait penser qu'entasser pierre sur pierre afin de se faire un abri ne demande pas un grand savoir-faire. Toutefois à bien y regarder, le résultat nous informe souvent sur la qualification du bâtisseur. Selon le degré de perfectionnement de la construction on peu aisément savoir si l'on a à faire à un amateur – agriculteur, éleveur ou simple propriétaire – ou à un maçon de métier, à même de monter des murs techniquement parfaits et de dresser dans les airs la symétrie rigoureuse d'une voûte.

La capitelle du Grand-Bois, Bernis.

La lavande • La lavande appartient à la famille des labiées qui regroupe des plantes aromatiques non moins célèbres que le thym, la sarriette, le romarin, la menthe ou la sauge... Cet arbrisseau de 30 à 60 centimètres pousse en buissons sur les sols arides et dans les montagnes calcaires. La structure de sa fleur semble adaptée à la visite des abeilles qui en assurent la pollinisation. Appelée le « couteau suisse » de l'aromathérapie, elle n'en finit pas de déployer ses vertus : calmante, antiseptique, cicatrisante, sédative, antispasmodique... Elle est largement utilisée pour la fabrication d'huiles essentielles.

LE CISTE COTONNEUX OU BLANC

• Ce buisson assez élancé et dense, à l'aspect cotonneux et d'un blanc grisâtre très typique, est présent dans tous les faciès de dégradation de la forêt de chêne vert, avec une préférence marquée pour le calcaire compact, donc la garrigue à chêne kermès. Il peut atteindre 40 à 100 centimètres. Au printemps, il se pare de grandes fleurs roses aussi belles qu'éphémères. Exigeant en chaleur, il craint beaucoup le feu et repousse très mal sur les sols incendiés. Son feuillage n'exhale qu'une faible odeur, ce qui est rare chez les cistes.

L'existence de bâtisseurs à pierre sèche est dûment attestée par des textes notariés languedociens dès la fin du XVIᵉ siècle. Mais c'est vraiment à partir du XIXᵉ que les formes architecturales élaborées inaugurent « l'âge d'or des capitelles ». La caractéristique essentielle de cette construction, où seul le mariage heureux d'éléments épars assure la stabilité de l'ensemble, réside dans la fausse voûte en encorbellement. Elle est constituée de pierres plates, disposées pour former des assises le plus généralement circulaires – sensiblement inclinées vers l'extérieur afin d'assurer l'étanchéité –, chacune reposant légèrement en surplomb sur la précédente. Une grande pierre plate, appelée « chape » ou « dalle de recouvrement » sert de chapeau terminal à cette fausse voûte. Quant à l'ouverture, elle est la plupart du temps orientée plein sud tournant ainsi le dos au courant d'air froid venu du nord : le mistral !

À CHACUN SA CHACUNE… • Défier les lois de la gravité, laisser son empreinte… resteront à jamais les credo de l'homme civilisé. Ainsi les capitelles qui furent au départ de simples niches de pierre ont-elles à force d'habileté de la part des bâtisseurs pris des formes diverses marquantes par le style, l'aménagement, et les détails propres à chaque édifice. Si le matériau local est en soit une première signature, on note la présence de constructions très différentes d'un point de vue architectural. Le profil d'une capitelle varie en fonction des terroirs. Il a sa physionomie propre. Il peut être en « bonnet », en « pain de sucre » ou en « ruche » dans le pays uzégeois ; cubique, parallélépipédique surmonté d'une tourelle dans le Sommiérois ; d'un dôme ou d'une coupole à l'orientale dans la région de Nîmes. On ne peut s'empêcher de songer à un phénomène d'émulation tant les bâtisseurs ont rivalisé d'ingéniosité. En effet, pourquoi faire simple quand on peut faire compliqué !

L'EUPHORBE DES GARRIGUES • **Il existe environ 2 300 espèces d'euphorbes dans le monde. L'euphorbe des garrigues, *euphorbia characias*, peut atteindre un bon mètre cinquante. Caractérisée par sa floraison en ombelles portant de nombreuses inflorescences ou « pseudofleurs » d'un vert jaunâtre, elle est considérée comme la plus majestueuse des coteaux secs du pourtour méditerranéen. Le point commun à toutes ces variétés : leur latex, suc laiteux très toxique qui apparaît à la cassure de la tige. La grande euphorbe était utilisée par la pharmacopée antique comme purgatif. Si son latex brûle la peau, il est aussi connu pour réduire les verrues.**

Capitelle aux environs de Blauzac.　　Ensemble restauré à Marguerittes.

Le THYM • Le thym est un sous-arbrisseau aromatique abondant dans les garrigues. Son nom fait référence à la fois à l'offrande (que l'on brûle), qui produit de la fumée, et au parfum, aromate. Selon la légende, il serait une larme de la belle Hélène, ainsi métamorphosée par les dieux en herbe bénéfique à tous. Il se présente comme un bonsaï, aux branches épaisses et tortueuses, dont les fleurs dans les tons roses ou pourpres attirent les abeilles. Il en existe plus de quarante espèces différentes classables en trois groupes : le thym « classique », le serpolet et la sariette. Pour la cueillette préférer les heures chaudes.

15   LES CAPITELLES DE BERNIS

SAUVEGARDE • Quelle que fut leur utilisation, les capitelles étaient des abris de fortune, repère idéal entre le grand air et la demeure officielle. Partout des défenseurs du patrimoine local veillent à sauvegarder la richesse de ce bâti. On peut discerner dans cet engouement pour la « cabane » un réel besoin de préserver un espace transitoire et marginal, lieu idéal où abriter ses rêves !

Capitelle sur le sentier de Bernis.

LE ROMARIN • **Le romarin est un arbrisseau toujours vert qui pousse à l'état sauvage sur des sols calcaires et pierreux, jusqu'à 1 500 m d'altitude. Herbe condimentaire, il est abondamment cultivé dans les jardins. Ses vertus médicinales sont connues depuis l'Antiquité. Il est utilisé de façon générale dans les cas d'asthénie, pour activer les fonctions digestives et drainer les toxines de l'organisme... La fameuse et véritable eau de Jouvence de la reine Dona Izabella de Hongrie était, dit-on, une alcoolature de fleurs de romarin. Il dégage une odeur d'encens légèrement camphrée. Les abeilles élaborent à partir de ses fleurs un miel de grande réputation : le miel de Narbonne.**

Un petit sentier ponctué de capitelles.

Distance et temps

- 5 km
- 1 h 50

Dénivelé

- 70 m

Départ

- Au nord-ouest de Bernis (10 km au sud-ouest de Nîmes). Depuis la N113 en venant de Nîmes, prendre à droite au rond-point des capitelles, passer sous la voie de chemin de fer et sous l'autoroute, prendre à droite pour trouver le parking.

Niveau de difficulté

- Facile

Balisage

- Poteaux directionnels et balisage jaune.

Parcours

- Très bien balisé, le chemin serpente en sous-bois. On y croise une dizaine de capitelles et des panneaux explicatifs donnent des informations sur le mode constructif, les dates, les différentes fonctions.
- Le chemin propose aussi des précisions sur la botanique.

Pour compléter

- IGN n° 2842 est.

Sur le sentier de Bernis.

DES FONCTIONS DIVERSES • Les capitelles prirent des formes aussi variées que le furent leurs utilisateurs. Ainsi avant de faire l'objet d'une utilisation agricole, où vignerons et travailleurs de la terre venaient s'abriter et stocker outils et récoltes, certaines d'entre elles ont recueilli des « pestiférés » et des assemblées clandestines de protestants. Tout comme l'habit informe sur celui qui le porte, l'habitat définit les rapports du « locataire » avec la société à laquelle il appartient ou dont il est exclu. Sur les Causses ces cabanes de pierre essuyte furent le refuge des bergers. On les désignait sous le nom d'« oustalet ». Sur les grandes étendues défrichées destinées à devenir la terre à blé (ager), elles servaient de nid aux moissonneurs. Dans les forêts gardoises, cabanes rudimentaires voisines d'un sol damé noirâtre, elles abritèrent les charbonniers qui, compte tenu de leur caractère semi-nomade, n'accordaient que peu d'importance au fini de la construction. Près de Nîmes les capitelles-cuves, dites « tines », construites en « trou de serrure », servaient à entreposer provisoirement le produit de la vendange ou de la récolte. Se confondant avec le sol dont elles étaient issues, elles servirent même d'affût aux chasseurs.

Capitelle dans la garrigue de Blauzac.

De la capitelle au mazet

• Ce sont les ouvriers du textile et de la bonneterie – entre 1837 et 1847, ils représentaient un tiers de la population nîmoise – qui inaugurèrent la vogue du mazet. Le *taffataïre*, soucieux de réinvestir ses modestes économies dans un lopin de terre, achète un coin de garrigue afin d'améliorer son ordinaire. Emportant armes et bagages, il vit chaque fin de semaine son retour à la terre. Au-delà de la bâtisse, certes modeste mais coquette, le mazet

Mazet de la combe des Bourguignons.

désigne l'ensemble de l'enclos avec son jardin et ses constructions. On y fait ses récoltes, qui serviront à arrondir les fins de mois et surtout, en un temps où le tissu familial ne s'est pas encore disloqué, on vient passer en famille un dimanche à la campagne. Au XXe siècle, l'arrivée des congés payés fait le bonheur des mazetiers, qui ne sont pas encore menacés par le manque d'espace dont souffrent aujourd'hui nos villes et leurs alentours. Un peu partout on voit fleurir des allées joliment agrémentées de lilas, d'iris ou d'autres variétés parfumées et intensément colorées.

. . . . *Nota : le • indique la page où la plante est présentée en détail.*

- *La Nature méditerranéenne en France*, les Écologistes de l'Euzière, Philippe Martin, éditions Delachaux et Niestlé, 1997.
- *Trésors retrouvés de la garrigue*, Hubert Delobette et Alice Dorques, Le Papillon Rouge Éditeur, 2003.
- *La Garrigue grandeur nature*, Jean-Michel Renault, éditions les créations du Pélican, 2000.
- *Géologie du Languedoc-Roussillon*, Jean-Claude Bousquet, éditions du B.R.G.M. et Les presses du Languedoc, 1997.
- *Au Pays des garrigues, du mont Bouquet au pic Saint-Loup*, Clément Martin, Espace Sud éditions, 1991.
- *Les Capitelles des garrigues gardoises*, Raymond Martin et Bruno Fadat, éditions de l'Équinoxe, 1992.
- *Jardins de garrigue*, Véronique Bombal, éditions Édisud, 1995.
- *Le pic Saint-Loup, l'âme de ses garrigues*, Sylvie l'Hostis, Espace Sud éditions, 1999.
- *Cirque de Navacelles, balade au cœur du Larzac*, Marc Salze, éditions du Rouergue, 2002.
- *Le Monde des teintures naturelles*, Dominique Cardon, éditions Belin, 2003.
- *Les Salades sauvages*, les Écologistes de l'Euzière, 2003.
- *Toponymie occitane*, Bénédicte et Jean-Jacques Fénié, éditions Sud Ouest, 1997.

Vous pouvez retrouver certaines des balades qui vous sont proposées dans cet ouvrage dans le topo-guide *Le Gard à pied*, réf.D030, © Fédération Française de la Randonnée pédestre.
Pour toute information : www.ffrandonnee.fr
GR®, PR® et le balisage blanc et rouge sont des marques déposées par la Fédération. Autorisation de reproduction 2004. Tous droits réservés.

Remerciements :

L'éditeur remercie chaleureusement toutes les personnes ayant fourni ou validé des informations.

Crédits photographiques :

Toutes les photographies sont de Valentin Duval excepté :
- pages 8, 12 à 17, 19, 22, 23 (sauf E), 24 (haut), 29 (bas), 50 à 54, 56 à 58, 59 (haut), 60 (2e et 4e), 61 à 66, 69, 75, 76, 83 à 85, 89 (sauf en haut à gauche), 93 : photographies de Pierre Dubois de Montreynaud.
- page 25 : photographie de Christophe Meier.
- page 74 : photographie de X Testelin & P. Bourdis.

Directrice de collection . . . . **Marie-Alexandre Perraud**
Conception graphique . . . . **Christophe Meier**
Montage . . . . **Paola Borsari**
Correction . . . . **Corinne Pradier et Marie-Alexandre Perraud**
Photogravure . . . . **Photogravure du pays d'Oc (Nîmes, France)**
Impression . . . . **IGS (TOLEDE, Espagne)**
Dépôt légal. . . . . **Novembre 2004**
ISBN **2-84350-171-7**

ROMAIN PAGES ÉDITIONS
BP 82030
F-30252 - Sommières Cedex
T 04 66 80 34 02 • F 04 66 80 34 56
e.mail : marie@romain-pages.com • site web : www.romain-pages.com

MIDI LIBRE
Mas de Grille
F-34923 - Montpellier Cedex 9
T 04 67 07 67 07
site web : www.midilibre.com